JN409284

읍성(邑城)의 문창(文窓)에 시혼(詩魂) 걸기

〈서문〉

위기의 창에 어른거리는 것들

甘 忠 孝

《남해안 시대》가 창간 된지 2주년이 되었군요. 그 동안 지역 언론문화의 창달과 정론직필, 지역발전의 여론 수렴과 보도에 힘써온 김미숙 대표의 왕성한 활동에 경의를 표하며《남해안 시대》의 눈부신 발전에 또한 축하를 보내드립니다. 2년전 창간 때 창간 축사를 쓴 것이 인연이 되어 이 신문에 글을 올린지도 2년이 흘렀습니다. 신문의 한 분야를 책임진 이상 어떤 일이 있어도 매주 1편씩의 칼럼이나 수필을 올려 어느 듯 그 편수가 110편을 넘었군요. 이에 한권의 책으로 묶어 창간 2주년에 즈음하여 선을 보입니다. 너무 방대한 양이어서 주제가 비슷한 글은 제쳐두고 그 절반만 실었습니다.

그 때 그 때 일어나는 크고 작은 세상사 흐름의 방향은 그 시대를 사는 사람들의 몫임과 동시에 후세를 선도하는 큰 물줄기이기도 합니다. 우리 역사에 선대가 잘못 그어준 물줄기로 인해 고통에 신음하며 그 물줄기의 폭포 앞 막다른 급류를 헤쳐 나오느라 얼마나 많은 희생이 따랐는지요. 제가 칼럼이나 다른 시문을《남해안 시대》에 올리면서도 항상 염두에 두고 주시했던 것은 바로 이 물줄기에 대한 흐름의 방향이었습니다.

옛날이나 지금이나 개인과 단체를 불문하고 각자 이 시대의 흐름을 주도하려고 별의 별 구호가 나부끼는 걸 보았습니다. 모호하기 짝이 없는 구호들이 난립하는가 하면 기름통을 짊어지고 불속으로 뛰어 들어가는 위험천만 일들도 자행되었습니다. 본인들이야 그 쪽으로 경도되어 어떤 일을 저지르고 있는지도 모를 때가 많았고 세상을 많이 살아본 어른들이 그러지 말라고 말리고 말려도 듣지 않고 내 달리다가 마침내 자멸의 길을 택한 경우도 더러 있었습니다.

세상 곳곳의 위아래에서 터져 일어나는 부정행각은 하루가 멀다 하고 보도되고, 올바른 삶의 근본이나 보편타당한 일반상식을 벗어난 극단적인 사람들이 고래고래 고함을 치며 세상을 시끄럽게 하는 일도 비일비재했습니다. 언젠가 부터 우리의 동방예의지국 선비정신은 다 어디로 가고 목전의 이익에 눈이 어두워, 해야 할 일, 하지 말아야 할 일을 구분하지 못하는 영혼의 사멸 현상이 도처에 나타나고 있습니다. 본인들이야 어떤 좋지 못한 목적달성을 위해 의도적으로 또는 선동에 의해 판단력을 상실한 상태에서 이런 일들을 저지르고 있겠지만 침묵하는 다수는 이들 후안무치한 행동을 하는 사람들의 열기와 광기 어린 눈을 빤히 들여다보고 있습니다.

문제는 이러한 영혼 사멸현상이 점차로 창궐하다 보니 그들이 품어내는 악취가 너무 진동하여 이 세상을 음습하는 바람에 다수의 선량한 사람들이 살기가 불편해졌다는 사실입니다. 6차선 대로를 불법 점거하는 바람에 출퇴근 버스에서 속절없이 갇혀있기가 일쑤고 미래를 위해 아껴 모아 저축한 돈이 특정 저축기관의 부정행각으로 송두리째 날아가 서민들이 은행 문 앞에서 울부짖는다거나 신성한 국민의 대변기관인 국회가 폭력으로 난장판이 되는 바람에 전 세계 사람들의 조소거리가 된다거나 공권력을 무시하고 지구대나 파출소에 난입하여 난동을 부리는 수준으로 전락된 우리들의 자화상은 차마 들추어내기도 부끄러운 일입니다.

그러나 이러한 일들을 덮어 두고 간다는 것은 서두에서 말한 잘 못 그어가는 물줄기를 인식하지 못하고 그대로 따라가다가 나중엔 돌이킬 수 없는 자멸의 낭떠러지에 떨어지거나 백척간두에서 크나큰 시련을 겪을 수밖에 없습니다. 그러기에 올바른 정신이 살아있는 사회라면 다수의 복리를 위해 뼈를 깎는 아픔을 감수하고서라도 구성원들이 움직여야 합니다. 세상을 어둠속으로 몰아넣을 수밖에 없는 좋지 않은 사례들은 더 창궐하기 전에 그 원인을 제거해야 함에도 지금의 우리 현실은 그러한 장치가 많이 느슨해지고 심한경우에는 아예 작동되지도 않는 경우가 많아 선량한 다수를 불안케 합니다. 결국 국리민복을 해치는 이러한 좋지 않은 사례들에 대해 국민 개개인은 나름대로 피부로 느끼게 되고 그 우려를 사멸시킬 대안을 찾게 됩니다.

제가 《남해안 시대》에 올린 110여 편의 글들을 한데 모아 대별해 보니 8개 분야였습니다. 물론 지난 몇 년간에 일어난 일들이 해를 넘김에 따라 사안에 따라서는 현 시점에서 그 내용이나 방향이 축소 또는 전환되었거나 확대 된 경우도 있고 이미 개선된 경우도 있을 것이나 그대로 싣는 이유는 어떤 분야든 그 태동이나 과정, 결과의 산물을 없었던 것으로는 할 수 없는 역사성이 존재하기 때문입니다. 다만 매주 한 편 이상의 글을 생산하는 빡빡한 일정에서 문법이나 철자, 서술상의 매끄럽지 못한 부분 등은 책을 내는 과정에서 약간의 손질을 했음을 일러드립니다.

그리고 그 8개 분야의 주제를 다음과 같이 붙였습니다.

고향에 대한 그리운 생각들을 1부로 하여 《게 발 샘이》로, 이 시대를 위기로 몰아가는 각종 사태들을 2부로 하여 《위기의 창》으로, 고난의 역사와 가난을 극복하고 오늘에 이른 우리의 조국에 대한 호국충정을 3부로 하여 《탄피 한 개》로, 혼탁한 이 시대에 우리가 차분한 마음으로 성찰해 볼 내용들을 4부로 하여 《갓 끈과 더러운 발》로, 좀 더 대범한 사고로 국민을 이끌어 가야할 절체절명의 정치권의 현주소를 5부로 하여 《좀스런 세상을 건너 뛸 수는 없을까?》로, 대한민국 어디서도 그 유래를 찾을 수 없는 유배문학의 메카인 우리 고향의 유배문학의 소개를 6부로 하여 《유배(流配)의 고도(孤島)에서 시혼(詩魂)을 부르다.》로, 삶의 질 향상과 각자의 자아성찰을 묶어 7부로 하여 《고봉준령(高峰峻嶺)에 인생 걸기》로, 문학의 궁극적인 목표도 인간다운 삶의 향유이기에 이 시대 난무하는 것들을 문학 작품을 통해 순화해 보려는 의도를 8부로 하여 《문창(文窓)에 기대어》로 대별해서 엮어 보았습니다. 글의 말미에는 그 글이 발표된 연월일을 넣었습니다. 칼럼이나 수필 또는 문단 주변의 이야기가 가지는 시사성을 외면할 수는 없는 일이기 때문입니다. 과거는 현재의 거울이고 현재는 미래를 엮어갈 자산입니다. 그 거울이 설령 일그러진 굴절의 거울이었거나 반듯한 정반사의 거울이었는가는 독자들이 판단할 몫일 것이고 미래를 엮어갈 자산이 제대로 갖추어진 것인가에 대한 판정도 역시 독자들의 몫입니다.

조지 오웰의 말대로 거짓이 판을 치는 세상에선 진실을 알리는 게 혁명입니다.

거짓이 창궐할 때 가장 심금을 울리는 조지 오웰의 말입니다.

저의 칼럼이나 수필 또는 문단 주변에 대한 이야기에 아낌없는 강호제현들의 고견주심을 겸허히 기다립니다. 계사년 새로운 해를 맞은 여러 분들과 여러분들의 가정에 만복이 깃들기를 축원합니다. 아울러 창간 2주년을 맞은《남해안 시대》의 무궁무진한 발전과 우리 시대 참신한 언론의 대표주자로 우뚝 서기를 기원 드립니다. 감사합니다.

2013년 새해를 맞으며
저자 드림

〈축사〉

칼럼과 시문(詩文)에 내재된 은유의 내공

어느덧 인터넷신문 《남해안시대》가 창간한지 2 주년이 되었습니다. 시인이시고 《남해안시대》 칼럼리스트이신 감충효 선생님께 고향 후배로서 《남해안시대》 발행인으로서 깊이 고개 숙여 감사와 축하의 인사를 올립니다. 누구나 고향을 떠나 고향을 그리워하는 맘은 가질 수 있지만 고향을 위해 몸소 헌신하고 실천하기는 쉽지 않습니다.

감충효 선생님은 젊은 혈기와 젊은 열정으로 시작한 《남해안시대》에 든든한 버팀목이 되어주셨으며, 지역 언론으로서의 바른 길을 갈 수 있는 길라잡이가 되어주셨습니다.

2년 전 "《남해안시대》는 우리 지역민의 여론을 수렴하여 정책에 반영시키는 일, 타 지방과의 차별화된 관광 인프라를 찾아내는 일, 남해유배문학관과 관련된 자료들을 찾아내는 일, 전국의 문인들 특히 남해 출신 문인들이 남해유배문학에 더 관심을 쏟아 유배문학이 현대문학의 힘으로 더욱 알려지고 연구되도록 돕는 일, 남해의 문화 활동 소개 및 발전 방안, 우리 고장의 고소득 작물에 대한 연구 활동 및 홍보, 모범적인 활동으로 타인의 귀감이 되는 생생한 지역민과 향우들의 소식, 각종 향우 사이트와의 연결, SNS 연동, 환경, 도정, 여수 엑스포, 유엔 기후변화 당사국 총회 등 다양한 분야에 온 정열을 쏟아야 할 것이다.” 라고 감충효 선생님은 창간 축사와 함께 지역 언론에게 바라는 점을 말씀하셨습니다. 그리고 함께 하셨습니다.

비록 고향을 천리 길에 두고 있지만 몸과 마음으로 남해를 사랑하셨고《남해안시대》에 2 년 동안 199편의 글을 올려주셨습니다.

한 주도 빠짐없이 글을 보내주신 감충효 선생님께 감사드리며 그 은혜에 보답하고자 남해안시대는 199편의 글을 모아 남해안시대 창간 2주년 및 감충효 칼럼리스트 출판기념회를 하게 되었습니다. 다만 199편의 글을 한 권의 책으로 내기에는 너무나 방대하여 절반 정도를 싣고 나머지 절반은 2권으로 넘기기로 하였습니다.

선생님의 이번 칼럼/시문집인《읍성(邑城)의 문창(文窓)에 시혼(詩魂)걸기》라는 책명이 말하듯이 고향을 그리워하는 마음은 물론 고향의 발전 방향에 대해서 선배님들께 진언 드리며 후배들에게 당부하고자 하는 진솔한 마음이 배여 있습니다. 그리고 조국의 반만년 역사를 잇는 호국충정의 기운 살리기, 혼탁한 이 시대에 갓끈을 놓지 않고 내공을 키우는 법, 문학을 통하여 이 시대 난무를 평정하는 지혜 등 주옥같은 글 들이 심금을 울립니다. 남해를 사랑하는 사람들과 향우님들이 많이 읽어주시길 바라는 마음과 더욱 더 왕성한 집필 활동으로 남해안시대를 빛내주시길 바랍니다.

《남해안시대》 발행인 김 미 숙

목 차

《서문》 위기의 창에 어른 거리는 것들 …… 3
《축사》 칼럼과 시문(詩文)에 내재된 은유의 내용 …… 8

1부 게 발 샘이
고구마 빼때기 기야기 …… 15
고향 산천을 담은 산수경석 …… 18
읍성(邑城)의 문창(文窓)에 시혼(詩魂)걸기 …… 20
게 발 샘이 …… 30

2부 위기의 창
필살이라는 적대행위 앞에서 …… 35
위기의 창(窓) …… 38
모자람의 미학(美學) …… 44
흑묘(黑猫) 백묘론(白猫論)을 생각하며 …… 47
영혼 갉아먹기로 살찐 사람들 …… 49
마유주(馬乳酒) …… 51
미(美의) 허상(虛像) 몇 가지 …… 54

인터넷과 트위터의 명암(明暗) …… 58
생강나무 꽃과 산수유 꽃 …… 63
아파트에 내 걸린 이 시대의 격문 …… 65
정글이면 모를까 …… 69

3부 탄피 한 개

6월이 오면 …… 73
탄피 한 개 …… 75
홀승골성의 눈보라치는 사연 …… 78
6월 산중 산나리 꽃 붉게 타니 …… 81
어찌 이 따위 나무가 …… 89

4부 갓끈과 더러운 발

내소사 차 한 잔의 꿈 …… 93
갓끈과 더러운 발 …… 94
산중문답(山中問答) …… 96
주유천하(周遊天下) …… 99
할머니와 명주 베 목도리 …… 102

5부 좀스런 세상을 건너 뛸 수는 없을까?

좀스런 세상을 건너 뛸 수는 없을까? …… 107
갈등(葛藤) …… 111
광음(光陰) …… 114

가장 잔인한 전쟁 …… 116
임진년 긴 그림자 …… 119

6부 유배(流配)의 고도(孤島)에서 시혼(詩魂)을 부르다.

유배문학의 두 큰 별 …… 121
영유시(詠柚詩) 읊는 이 봄날에 …… 124
유배(流配)의 고도(孤島)에서 시혼(詩魂)을 부르다.…… 131

7부 고봉준령(高峰峻嶺)에 인생 걸기

60년의 뿌리 120년의 미래 …… 153
고봉준령(高峰峻嶺)에 인생 걸기 …… 158
물살 건너기 …… 162
야간비행과 새벽길 …… 164

8부 문창(文窓)에 기대어

문학(文學)에 대한 영토론적(領土論的) 관점(觀點)…… 169
찬비 뜯는 소리 …… 175
프랑스에서 『황진이 시조론』이 우연한 것인가? …… 178
봉선화(鳳仙花), 그 낙화의 의미 앞에서 …… 180
반도 남단 가천에 가면 …… 183
옛적에 우리는 이런 성묘(省墓)를 했다. …… 188
폐허(廢墟)가 빈번한 요즘 세상 …… 192
반환점(返還點) 그 이후 …… 194
산문(山門)에 들어 …… 200

1부

게 발 샘이

고구마 빼때기 이야기

남해화전문화제 3일간 제법 바빴다. 어느 분야의 관리를 맡아 진행하였고 또 심사위원으로 있는 동안 시간을 내어 다른 분야를 두루 돌아봤는데 4년 만에 열린 화전문화제여서 그 열기도 대단하였다. 축하공연, 문화, 예술행사, 전시회, 체육행사 등 75개 종목이라는 다양성도 있었지만 제23회라는 연륜이 말해주듯 그 내용도 알찼다.

문화 중에 흙의 문화처럼 원초적이고 진솔한 문화가 어디 있을까?

필자는 고향 화전문화의 향기를 쐰 것을 기폭제로 하여 고향산천 흙의 문화에 젖어보는데 며칠을 더 투자하기로 하였다. 조상의 묘소에 성묘하고, 옛 스승을 찾아뵈옵고, 친구를 만나보고, 옛 산천을 둘러보는 시간은 행복하기도 하였거니와 고향과의 인연을 이어가는 필수불가결의 요인이기도 하였다. 이러한 일을 거의 마치고 마지막 손을 댄 것이 흙이었다.

필자는 금년 벽두 본란의 칼럼(2월 12일 게재) '고향 사랑법'을 통하여 고향과 사는 곳은 멀리 있는 것이 아니고 집으로 따지면 항상 오가며 드나드는 안채와 사랑채와 같은 존재라고 하였다. 그래서 조그만 논 떼기와 산야에 과일나무도 심고 정원수 묘목도 가꾸면서 안채와 사랑채를 오가는 인연의 끈을 놓지 않고 있는 것이다.

과일 나무를 심은 여백의 땅에 고구마 줄기를 꽂은 일이 생각났다. 삽으로 파헤쳐 보니 예상외로 고구마가 알차게 알뿌리를 내렸다. 황토를 객토한 땅이어서 여물어 있는 모양새가 단단하였고 색깔이 진했다. 한 개를 깎아본다. 하얀 녹말 즙이 고구마의 속살을 우유방울처럼 타고 내린다. 씹어보니 고소하기도 하거니와 당도가 대단하여 상품가치도 높아 보인다. 흙은 이렇게 거짓 없이 대자연의 산물을 또 다른 생명체에게 조건 없이 제공한다.

주변을 둘러보니 호박도 그 달 덩어리 같은 웃음으로 나를 반긴다. '이 쓸쓸한 가을 빈 들녘에 저를 혼자 남겨 두고 갈낍니까?' 라고 말 하는 듯하다. 대충 뿌려 놓은 결명차도 잡초를 이겨내고 우뚝 선채로 잘 익었다. 씨앗을 뿌려준 주인의 손길을 기다린다. 모두가 겨울이 오기 전에 거두어 주워야 할 것들이다.

고구마를 캐낸 붉은 황토밭을 그냥 두기가 민망하다. 효자문 삼거리 종묘사로 가서 사계절 시금치 한 봉지를 1만 9천원에 사서 뿌려준다. 이미 시기가 좀 늦은 감이 있지만 그래도 비온 뒤이고 아직도 따뜻하니 싹을 충분히 틔울 듯하다. 다른 추운 지방에서는 생각지도 말아야할 일을 우리 고향에서는 가능한 것이다. 주변에 이웃사람들이 일찍이 뿌린 시금치가 습해를 입었다고, 늦게 그리고 많이 내린 가을

비를 원망하는 눈치다. 하지만 대자연의 조화가 어디 인간의 의지대로 움직여 주었던 때가 별로 있었던가. 늦게 뿌리는 씨앗이지만 오히려 더 좋을 수가 있다고 동네 선배 한 분이 필자를 격려하고 경운기를 몰고 간다. 다음에 시제 때 또 내려와서 그 작황을 볼 것이다.

고향의 향기와 에너지가 담긴 고구마를 쪄 내는 아내는 넉넉한 웃음으로 옛이야기를 풀어낸다. 좀 많으니 옛날을 생각하며 고구마 빼때기도 만들어 보겠다고 한다. 우리 식구만 먹기로는 좀 많은 양이어서 고향의 동생네에게도 좀 나눠주고 서울에서 항상 고향땅을 잊지 못하는 동생네에게도 좀 나누어 준 뒤였지만 역시 좀 많은 양이다.

호박고구마라 했다. 삶은 속이 호박 속 같이 샛노랗다. 맛도 일품이다. 조그마한 것은 가운데를 길게 잘라 도막을 낸 다음 대 바구니에 정성들여 말린다. 이른 바 삶은 빼때기다. 생것은 납작납작하게 잘라 역시 베란다에 내놓는다. 이것이 말라지면 마른 빼때기라 했다. 삶은 고구마 빼때기는 어릴 적 우리들의 둘도 없는 훌륭한 간식거리였다. 호주머니에 넣어 골목길을 쏘다니며 친구들과 나눠먹던 추억을 잊을 수 없다. 요즘 캬라멜 비슷한 맛을 내면서 쫀득쫀득하고 말랑말랑하여서 오래오래 입안에서 녹여 먹는 맛은 특별하였다. 요즘 아이들이 캬라멜, 쵸콜릿, 아이스크림을 많이 먹어 이빨이 쉬 상하고 비만을 고민하고 어린이 당뇨가 온다고 야단들이지만 우리의 어릴 적 이 삶은 고구마 빼때기는 많이 먹으면 먹을수록 건강을 챙겨주던 진정 요새 말로 오리지널 웰빙식품이었다. 그리고 마른 빼때기는 뽄디콩이나 강낭콩 또는 팥을 넣고 죽을 끓여 먹었다. 이른바 빼때기 죽이었다.

집사람이 생고구마를 썰어 햇볕에 말리고 있으니 참으로 오랜만에 적어도 30 년 만에 빼때기 죽을 먹어 볼 수 있으리라. 손자 손녀가 놀러왔다. 말랑말랑한 삶은 빼때기를 주니 그렇게 잘 먹을 수가 없다. 좀 말려놓은 것은 이 녀석들이 다 처리할 것 같다. 지금 글을 쓰면서 키보드를 두드리는 이 시간에도 필자는 이 삶은 빼때기를 녹여 먹고 있는 중이다.

내일 오전 10시에 모셔지는 시제 시간에 맞추기 위해서 새벽 4시에 다시 고향으로 내려간다. 시제 모신 후에 파보 발간에 대한 최종 문중회의를 마치고 지난주에 뿌려놓은 시금치가 싹을 틔었는지 돌아볼 참이다. 시금치를 뿌려놓은 주변엔 스트로브 잣나무와 과일나무를 심었다가 올 장마에 비배관리를 잘못하여 문제가 생겼다. 현장을 둘러보고 긴 겨울 무엇을 해야 할 것인가를 차분히 생각하고 그 해답을 고향땅에서 얻을 것이다.

(11.11.12)

고향산천을 담은 산수경석

망운산 줄기에서 억겁의 세월을 지나고 강진바다로 향하다가 심천리 시냇물에서 필자와 인연을 맺은 돌입니다. 몇 년 전에 모 언론매체에 소개되어 많은 분들이 이 수석에 대한 문의를 해왔고 또 몇 분은 직접 찾아 오셔서 감상을 하고 가신 돌이기도 합니다. 오월의 신록과 함께 서기(瑞氣)어린 돌 하나를 남해를 사랑하는 사람들께 선보입니다. 이른바 서석(瑞石)의 두 번째 신고식입니다. 여러분들의 가정에 행복과 행운을 기원하는 것이기도 합니다.

수석(壽石)의 3대 조건인 질, 형, 색을 충족하는 산수경석인데다 흔히 크기도 손위에 올려놓고 축경미(縮景美)를 감상할 수 있는 정도를 적당한 크기로 규정짓고 있는 바 크기 면에서도 나무랄 데가 없습니다. '수석(手石)' 이라고 표기되는 수도 있는데 손바닥 위에 올려놓고 감상 할 수 있는 돌이라는 뜻이겠지요. 어떤 모임의 수석을 좋아하는 분들의 요청에 의해 호주머니 속에 넣고 간 일이 몇 번 있었는데 그럴 때마다 그 아담하고 잘생긴 돌이 더욱 사랑스러웠고 정이 갔습니다. 호주머니 속에서 만져지는 느낌은 나름대로 별났지요.

수석 감상에서 흔히 산수경석(山水景石), 물형석(物形石), 문양석(紋樣石), 괴석(怪石)으로 대별되고 있지만 그 진수는 역시 산수경석을 으뜸으로 치고 있는 것 같습니다. 이 돌은 별도로 좌대나 수반으로 연출하지 않아도 밑면이 평면으로 되어있어 그야말로 자연미의 진수가 무엇인가를 돌 자체가 몸으로 웅변하고 있는 제가 가장 아끼는 돌이기도 합니다. 그러나 이 돌의 가장 근원적 가치는 자기가 태어난 고향의 모습을 그대로 지니고 있다는 것입니다.

고요한 강진바다에 둥둥 떠 있는 두개의 섬, 바로 남해의 본섬과 창선도 모습입니다. 남해대교가 떠 있는 노량해협, 창선대교가 있는 지족 손도가 보이십니까? 창선-삼천포 대교가 있는 곳도 짐작해보세요. 그리고 먼 강진바다를 아우르고 있는 남해의 진산인 망운산 주봉까지 기막히게 닮아있어 더욱 사랑이 갑니다. 잔잔한 바다며 그리고 얇게 계단을 이루고 있는 들판, 그 사이로 버드나무 실개천도 흐르고 있지 않습니까? 수석의 멋은 돌 자체가 출중하면 금상첨화겠지만 그보다도 자연을 축경하여 볼 수 있는 심미안(審美眼)이 더욱 중요하다고 합니다. 즉 심오한 철학과 예술이나 축경미가 존재하지만 그것을 느끼고 자기 마음에 담을 수 없다면 이야기는 달라집니다.

한갓 조그만 돌에서 우주를 볼 수 있어야하고 이 골짜기 저 골짜기를 넘나드는 실안개와 구름 머무는 산봉우리도 느낄 수 있어야 하며 실개천 물 흐름, 이 산과 저산에 뜨고 지는 해와 달의 움직임, 급기야는 내 몸과 자연의 합일을 이루어내는 경지로 가는 것이 수석 취미가 추구하는 바라고 합니다. 이 서석과 함께 물오른 푸른 오월을 맞아 여러분의 각 가정에 행복 충만 하시기를 빕니다.

(12.5.6)

읍성(邑城)의 문창(文窓)에 시혼(詩魂) 걸기

유배문학의 큰 맥이 남해에 형성되어있음은 일단 당대의 정치와 문예를 이끌고 간 조정의 거목들이 남해로 유배 오면서 그 단초를 제공하였고 이곳에서 국문학사에 빛나는 대작들을 창작해 냄으로써 그 대미를 장식하였다. 읍성 안팎의 적소에서 시혼을 불태운 그들의 문채는 수 백 년이 흐른 지금에도 더욱 빛나 문창(文窓)을 밝히고 있었는데 그 들의 작품 속에 깃들인 그들의 혼백 또한 영적인 만남으로 이곳을 드나들고 있으니 남문 밖 봉천변에 남해유배문학관을 지어 모시고 오늘에 이르고 있다. 성곽을 중심으로 탄생된 유배문학의 불빛을 걸어둔 창을 '문창(文窓)' 이라 명명하는 이유는 유배지라는 폐쇄된 공간의 생사를 넘나드는 백척간두 절체절명의 상황에서, 혼 불 지펴 지은 글을 바깥세상에 알린 유배객들의 고도의 정신세계를 열어젖히는 영혼의 창이기 때문이다.

지금도 나이 드신 분들은 읍내에 일보러 가실 때 성내(城內)에 다녀온다고 한다. 성내에 말광대가 왔으니 보러간다거나 효자문 삼거리에 초파일 연등행사를 보러 간다거나 성내 오일장이 섰으니 장보러 간다거나 성내 소전머리에 소 팔러 간다거나 향교의 대성전에 석전제를 모시려 간다거나 성냥간에 호미, 쇠스랑 맞추러 간다는 말들이 일상화 되어 쓰이던 시절, 필자에게 할머님이나 부모님께서 심부름을 보내실 때 남문 밖 누구네 집, 동문 안 방앗간 집, 서문 안 친척집 등으로 지칭하셨고 필자는 우리 동네 입구인 동문 밖 성벽이 남아있는 곳을 기점으로 여러 곳의 읍성을 유추해 보기도 했다. 생원이 많이 살았다고 해서 생원골이라고 지칭하던 그 곳에는 친척 몇 분이 살고 계셔서 그 곳에도 심부름을 자주 갔던 기억이 있고 뜨거운 여름날에는 조선시대 읍성의 주변에 있었던 감옥소 건너편 깊은 곳에 멱을 감으며 더위를 식혔으며 하마정 근처에서 신작로에 굴러가는 소달구지의 뒤에 매달려 하교를 했던 시절이 생각난다.

특히 동문 안으로 심부름을 갈 때는 성벽의 밑돌이 길게 깔려있는 골목길을 돌아 성내 시장 통까지 가면서 어찌 저런 큰 돌을 어디서 가져와서 저렇게 성을 쌓았을까 생각하면서 역사의 향기를 느껴보곤 했다. 지금도 위치에는 변동이 없지만 초등학교 다닐 때 정문 앞에 조선시대 남해현의 관아였던 군청이 있어 군청 담벼락의 기왓장 너머로 수양버들 휘늘어진 고풍스런 연못을 들여다보곤 했는데 지금은 그 곳에 군청의 다른 건물이 들어섰고 그 연못을 메꾸기 전 혹시 옛 유물이라도 건져보려는 노력이나 했는지 모르겠다. 고서에 보면 관아나 궁궐의 연못을 만들 때는 그 연못 바닥에 많은 양의 가치 있는 보물들을 수장한다고 했는데……. 그 연못 터를 오른 쪽으로 돌아 좀 더 서쪽으로 친구 집이 있는 곳으로 갈라치면 또 성벽이 있었다. 그 성벽 안의 동네를 서문 안이라 했고 그 밖을 서문의 밖이란 뜻으로 발음상 간편하게 줄여서 선밖이라 했다.

고려 말부터 남해에 유배를 온 인물은 대략 200명 정도가 된다고 했는데 그 중에서 화전별곡을 지은 자암 김구, 제영등망운산 등을 지은 약천 남구만, 구운몽과 사씨남정기를 지은 서포 김만중, 매부를 짓고 습감재에서 남해는 물론 인근 사천 하동 진양 선비들과 일반 평민들에게 충신효제의 도를 가르쳤던 소재 이이명, 남해문견록을 지은 후송 유의양, 남해에 관한 주옥같은 시편을 남긴 태소 김용 등 당대의 대문호이며 조정의 거목이었던 여섯 분이 대표적인 이유는 이 분들이 남해에 유배 와서 남긴 문학작품들이 국문학사에 길이 빛나기에 더욱 그러하다.

이분들은 서포 김만중과 자암 김구를 제외하고 모두 읍성이나 성밖에 그 적소가 있었다고 전해온다. 소재 이이명은 죽산 마을 뒷산인 당산의 매원과 대 밭과 노송이 어우러진 사이에 그 적소인 습감재가 있었고 남해와 진양의 선비는 물론 사천, 하동에 걸쳐 문하생을 배출하였던 직하재 문헌상 선생을 비롯한 많은 선비들이 이곳을 찾았다. 돌아가신 후에는 남해의 선비는 물론 인근 진양, 사천, 하동의 많은 선비들이 소재 선생의 높은 뜻을 후대에 기리고자 한양에 있는 노량진 사충당의 영정을 모셔와 습감재와 그리 멀지 않은 지금의 죽산 마을 봉천 주변에 봉천사라는 사당을 짓고 봉천사 묘정비까지 세웠다. 이러한 역사적 사실은 봉천사 묘정비에 모두 기록되어 있으며 그 후 대원군의 서원 철폐령에 의한 듯 봉천사는 훼철되고 봉천사 묘정비만 지금의 남해시외버스공용터미널 건너 쪽 봉강산 자락으로 옮겨졌다가 봉천변에 건립된 유배문학관 야외 공원으로 지난 2011년 12월 28일 다시 옮겨졌다. 그리고 소재 선생이 장인인 서포 김만중 선생의 적소에 갔다가 주인을 잃고 초췌하게 죽어가고 있던 매화 두 그루를 죽산의 적소에 옮겨 심고 푸르게 살아나 꽃피고 열매 맺는 것을 세상 만물의 감응의 원리로 형상화 하고 두 분의 심원한 철학과 우정, 그리고 세상사 여러 흐름의 곡절을 용해시켜 지은 매부(梅賦)의 시비도 건립되었다.

자암 김구 역시 죽산 마을 입구인 옛날 농업고등학교의 교장 관사였던 울창한 죽림 속 터에 적사가 있었다고 동네에서 오래전부터 구전되고 있었으나 노량에 있는 선생의 유허비가 있는 곳이 선생의 적소였다는 추정이 더 힘을 얻고 있다. 죽산 마을 입구의 추정 적소는 지금은 도립남해대학의 남쪽 교문 입구인 곳인데 도로를 확장하느라 공사 중이다. 약천 남구만 역시 옛 남해중학교 교무실 남쪽 죽산 마을 어느 고가에서 유배생활을 했다는 구전이 옛날부터 내려온다. 필자가 이러한 구전들을 굳이 글을 통해 이런 자리에서 남기려 함은 그것이 사실이었거나 아님을 떠나 그래도 우리 고향 어느 조그마한 마을에도 그 당시 유배객들의 흔적이 돌담길 돌아 죽림사이로 연기처럼 피어오르고 있었다는 향기를 느끼기 위함이다. 또 모르지 않은가? 먼 훗날 누군가가 유배의 삶을 이어간 현자의 흔적을 찾아 필자처럼 찾아 헤매는 이가 있을지를…….

약천 남구만은 남해에서의 유배생활이 비교적 자유로워서 망운산과 금산, 등 여러 곳을 다니며 이곳의 풍광은 물론 그 당시 마을마다 많이 심었던 남해 특산물 유자에 대한 시, 영유시이십수(詠柚詩二十

首)를 쓸 정도였고 적소를 조금 반듯하게 가꿀 마음의 여유도 있었음을 생각할 때 조선시대 고풍으로 지어지고 고기와 지붕에 기와 굴뚝이 세워지고 용머리 난간을 갖춘 대청마루가 유난히도 컸으며 회랑까지 갖추었던 이 건물 양식이라든가 이곳에서는 흔히 볼 수 없었던 기화요초를 심어 가꾸었던 것으로 봐서 약천이 이곳에 오기 전에 있었던 건물이거나 아니면 와서 지은 건물이거나를 떠나서 그 구전의 신빙성을 높여 주기도 한다. 그 고택이 현대생활을 하기는 적합지 않아 새로 이사 온 사람이 이 집을 헐었다는 소문은 훨씬 뒤에 서울에서 듣게 되었다.

그리고 우리 민족시조의 대표작이라 할 수 있는 '동창이 밝았느냐, 노고지리 우지진다. 소치는 아희 놈은 상기 아니 일었느냐, 재 너머 사래 긴 밭을 언제 갈려 하나니' 는 약천 남구만 선생이 읍성에서 용문사 부근을 오가면서 이동면 성현 마을과 앵강고개[재]를 지나가며 지었다는 연구가 박성재 유배문학연구소장에 의해 세상에 발표되었다. 실제로 이곳의 이름이 장전(長田:사래 긴밭)마을이고 그 당시 토지 이용수단인 작개(作介)가 성현(城峴)이라는 동네이름으로 같이 존재하고 있으며 선생이 남해를 둘러보면서 남해 농민의 유자에 대한 애환이 서린 영유시이십수(詠柚詩二十首)를 지을 정도였으니 이 시조는 농촌의 목가적인 전원 풍경을 노래한 것을 뛰어 넘어 어렵게 살아가는 남해 농민의 애환을 고도의 비유법을 동원하여 지은 시조로 생각할 수 있다. 더구나 필자는 이곳의 지명을 더 찾아본 결과 그 장전(長田)마을에서 다른 마을로 건너가는 들판 이름이 사창(社倉)들이었음을 생각할 때 세금으로 거두어들인 곡식을 보관해둔 곡식창고가 서 있는 이 사창(社倉)들의 존재도 시조의 창작동기와 무관치 않다고 본다. 즉, 과도한 세금으로 농민들이 힘들어 하던 그 상황을 누구보다도 잘 알고 영유시를 통하여 표현할 정도로 이 지방 농민들을 안타깝게 여기던 약천이 이 사창들의 사창을 그냥 보아 넘겼을 리가 없기 때문이다.

후송 유의양은 읍성 남문 밖[현재 남해읍 남산동] 김시위 집이었고, 약 1년 동안 남해의 풍물을 담은 '남해문견록' 을 남겼다. 태소 김용은 남해로 유배 와서 읍성의 한여원의 집에 반년동안 살면서 남해 향인들과 교우하며 '등금산' '홍문' '감로수' '하금산우후' '노인성' '노량충렬사 헌시' 등 수많은 시문을 남긴 걸로 전해왔으나 최근 향토사학자 김창렬씨에 의해 태소 김용이 남해에 유배되어 오지 않았으며 위의 작품들도 태소 김용의 것이 아님을 밝혔고 남해유배문학관에서도 이를 인정하여 유배문학관에 김용의 기록물을 삭제하기에 이르렀다. 그렇다면 남해를 배경으로 한 이 주옥같은 9편의 시들이 누구의 작품인가도 밝혀 연구해야할 과제로 남겨지게 되었다.

남해 읍성의 주변에는 이러한 유적과 역사적 사실이 읍민들의 가슴속에 항상 잊혀 지지 않고 살아 있는데다가 2008년 9월 초에는 읍내의 시가지에 도로를 내다가 대규모의 남해읍성을 발견하게 되었다. 여론이 분분하였다. 천우신조로 이 세상에 빛을 보게 된 이 읍성을 대대적으로 발굴하여 문화재적 읍도의 위상을 살려 관광지로 발돋움 해보자는 여론이 있었다. 문화재청에서 내려오고 관계기관의 자문을 받으면서 군민의 의견을 수렴하는 오랜 절차 끝에 결국 도로 묻기로 하였다. 결국 우리의 문화재 향유능력의 빈곤과 발굴에 소요되는 엄청난 규모의 비용에 아예 손을 들어버린 것이다. 성벽 주위에 보호재료를 채우고 그 위치를 표시하여 훗날을 기약한다고 했지만 도로가 나서 아스콘이 깔려버리고 주변에 고층 건물이 들어서버리는 상황에서 발굴은 더 어려워질 것이다.

다른 지자체에서는 기왓장 하나와 성 밑돌 하나만 나와도 큰 절을 짓고 사당을 짓고 누각을 쌓고 성벽을 쌓아 문화재를 복원하여 살리고 아울러 관광객을 끌어 모으는 추세인데 그 대규모의 원형 성곽이 송두리째 발견되었는데도 그 것을 도로 묻어버리는 행위는 바로 조상들의 숨결인 찬란한 문화와의 단절을 의미함이니 못난 후손들의 몰지각했음이 누대로 이어져 역사 속으로 기록될 것은 자명한 일이 아닌가. 세월이 가면 어느 땐가 읍성이 그리워지고 그 가치가 높아질 때 어느 후손들이 다시 읍성의 존재를 의식하고 정말 발굴의지를 가지고 반듯한 남해읍성을 이 세상에 빛을 보일 때를 생각해 보면 우리 시대 이 못난 후손들은 어떤 평가를 받을지 생각만 해도 얼굴이 뜨거워진다.

조선산단도 물 건너가고 그 곳에 화력발전소를 세우는 의향서를 제출하기 위해 실시한 주민투표도 남해의 청정 환경을 보존하여 후대에 더욱 가치 있는 곳으로 남겨두자는 쪽으로 결정 난 마당에 발상의 대전환을 시도하는 것이 어떨까를 생각해 본다. 이후로 어떤 공업시설이나 공해시설은 들어 올수 없다는 남해군민의 정서가 굳어진 마당에 차라리 남해읍성 및 주변에 있는 다른 성곽[평산포진성, 임진성, 고진성, 옥기산성, 미조진성, 대국산성, 고현산성, 노량리 성지, 상주포보, 곡포보성, 진동진성, 금오산성, 천남대 왜성 등]들도 그 면모를 일신하여 남해읍성과 연계한 성이 있는 성곽 소도읍으로 발전시켜 보는 것이 발상의 대전환이 아닐까를 생각해 보게 된다.

성곽이 있는 문화도시는 벌써 그 품격이 달라진다. 서울이나 수원 등 대도시도 그렇지만 진주와 고창, 낙안, 해미 읍 등에 성곽이 없다면 무슨 매력이 있어 관광객들이 이 도시를 찾겠는가? 더구나 남해읍성을 비롯한 모든 성들을 대대적으로 발굴 복원하여 섬 전체를 성채들과 함께 푸른 바다 위에 띄어놓았다 생각해보라. 얼마나 아름다울 것인가? 쉽게 생각해서 온화한 지중해의 푸른 바다와 해변에 즐비한 성곽을 보러 관광객이 몰려드는 상황을 상정해보는 것이다. 지중해와 에게해가 리아스식 해안이어서 그 해안선의 드나듦이 아름답기도 하거니와 점점이 뿌려놓은 많은 섬들로 각광을 받고 있다. 바로 우리 남해가 그 지중해를 꼭 빼닮았다. 크루저 선을 띄어 성곽으로 연결된 부두를 돌면서 섬 주변의 풍광을 함께 체험할 수 있는 관광루트를 만들고 거기다가 얼마 전 발견된 천혜의 대지포의 온천을 개발하고 상주해수욕장, 금산을 연결한다면 이 이상 더 좋은 최적의 휴양지가 어디 있겠는가? 성곽, 해수욕장, 푸른 바다, 온화한 기후, 충무공 전적지, 유배문학의 메카로 발돋움한 남해유배문학관, 풍부한 해산물, 마늘, 시금치, 유자 등의 특산물, 편백림, 죽방렴, 팔만 대장경 판각지, 가천 다랭이 마을, 유명 사찰, 현대 공법을 자랑하면서 한국에서는 제일 아름다운 길로 선정되었던 창선-삼천포 대교……. 관광지와 휴양지, 문화, 관광, 체험에 필요한 모든 것이 다 존재하는 곳이다.

이미 청정지역으로 남기를 결심했다면 조상의 숨결이 살아있는 읍성이 발견됨은 천우신조다. 선대가 내려주신 크나큰 선물이니 다른데서 보물을 찾을 것이 아니라 이 기회에 대대적으로 읍성을 발굴하여 성곽이 있는 소도읍으로 탈바꿈하여 보는 것이 남해읍을 살리고 남해군을 살리는 하나의 진정한 보물이며 청정지역을 선포한 남해가 발전할 수 있는 발상의 대전환이 되지 않을까 생각해본다. 남해유배문학관만 해도 고서적 진열과 디지털 영상자료만 가지고 버틸 것이 아니라 주변의 읍성을 연결고리로 해서 당대의 거목들이 유배생활 하던 읍성 주변의 적소나 자연환경들을 복원 재현하여 진정한 문화향기를 체험하면서 읍성을 휘돌아 흐르는 봉천을 생태공원화하고 이어지는 강진바다 주변과 간척지 갈대밭에 철새 도래지 탐조대를 조성한 해변휴양도시를 건설한다면 며칠이고 머물 수 있는 체류형 관광지가 될 것이고 이곳을 기점으로 남해 전역의 관광화를 기획하여 성곽 문화체험과 이미 조성되어 있는 해양레저 시설을 풀가동하고 청정 남해의 채소와 해산물을 원료로 타 지역과의 차별화된 음식문화를 개발하여 연중 가동할 수 있는 프로젝트를 구현해봤으면 한다.

화력발전소의 추진을 거부한 이상 다른 대안도 마련해야 할 마당이니 성곽도시를 표방하고 이미 그 규모를 드러낸 읍성을 원형 그대로 차근차근 발굴을 시도하면서 우선 성곽 4대문의 성루를 상징적으로 복원하고 성벽을 발굴해서 남해를 성곽도시로 키워간다면 군민이 원했던 청정지역으로 남게 됨은 불문가지이고 이 청정 고도의 성곽과 성루, 성문이 있는 깨끗한 이미지의 고토에서 생산되는 농산물은 최고의 영예를 누릴 것이며 청정 섬 주변의 바다에서는 오염되지 않은 해산물이 명품으로 거듭 날것이기 때문이다. 그리고 우리 남해인들은 성곽이 있는 문화도시의 문화 군민임을 대외에 천명하는 계기가 될 것이며 자손만대에 그 영광을 누릴 수 있을 것이다.

지중해 연안의 고성이 있는 그 고즈넉한 곳에 역사와 문화의 향기를 찾아 세계인의 발길이 끊이지 않는 것처럼 청정바다 강진바다에 떠있는 빛깔도 고운 하얀 화강암 읍성의 이미지는 분명 만인의 가슴을 흔들 것이다. 산중에 깊이 묻혀있는 성곽보다 푸른 바다에 떠있는 성곽이 더욱 아름답다는 뜻이다. 더욱이 황금 유자가 초겨울 까지 향기를 품어내는 천혜의 따뜻한 기후와 그 환경에서 자라는 마늘이며 시금치가 각광을 받고 다른 곳에서는 눈 쌓인 산과 들이 꽁꽁 얼어 있을 때도 우리 남해는 겨울에도 벌판에 푸른 풀이 솟아나기에 바로 선-벨트(Sun-Belt) 개념의 복지낙원 남해를 실현시켜보는 원대한 꿈을 가져야 하지 않을까?

항상 고향의 향기가 그리운 마당에 고향발전을 위한 여러 시도가 번번이 이루어지지 못하고 특단의 미래구상도 없는 마당에 이왕이면 고향 발전의 한 방책을 제안해본다. 고향에 계시거나 출향하신 향우님들의 질책해 주심과 더 나은 방책을 기다려본다.

'읍성(邑城)의 문창(文窓)에 시혼(詩魂) 걸기' 란 명제가 다소 생소하게 들릴지 모르지만 이왕 화력발전소 등과 같은 산업시설은 우리 군민이 원하는 바가 아니고 미래의 가치를 창출할 수 있는 청정 환경 지역으로 남기를 결심한 마당에 전국 어느 곳에도 그 유례를 쉽게 찾을 수 없는 당대의 수많은 거목들인 유배객들이 남긴 '문창(文窓)' 의 이미지와 고관대작, 시인묵객의 숨결이 어린 '읍성(邑城)' 의 품격을 각인시키고 불굴의 의지로 '시혼(詩魂)' 을 내걸었던 그 정열로 4대문을 가진 읍성을 대대적으로 발굴하여 위에서 말씀드린 여러 방책들을 실시한다면 타 지역과는 분명히 차별화된 인프라를 구축할 수 있을 것이고 그 자세한 시행과 성공적인 성과에 대해서는 군민의 합의와 전문가 집단의 연구를 거쳐 문화재 당국과 지자체가 발 벋고 나섬은 물론 국가적인 정책인 '남해안권발전 종합계획' 에 포함된 '남해안시대' 관광산업 프로젝트에 포함시켜 대대적인 지원을 끌어낸다면 충분히 가능할 것이다.

달도 없는 칠흑의 밤 읍성도 잠이 들고
적소의 등잔불도 기물가물 잦아 들 때
만고에 애간장 타는 문창 밝힌 시혼이여!

몇 백 년 묻혔다가 그 보물 드러나도
그 숨결 그 가치를 담지 못한 그릇이여
선대가 내려준 보물 묻을 일이 아니다.

발상의 대 전환이 남해 살릴 길이라면
읍성을 바다위로 띄어 봄이 어떨까
땅속에 묻어 두기엔 아까워라 그 성곽.

– '읍성의 문창에 시혼 걸기' –

(2012.12.17.)

게 발 샘이

어릴 적 동네 한 가운데 참 신기한 샘이 하나 있었다.

우물을 경상도 사투리로 샘이라고 하는데 이 샘이의 이름은 동네 어른들이 오랜 옛적부터 고유명사로 '게 박 샘이' 라고 좀 투박스럽거나 또는 '게 발 샘이' 라고 좀 부드럽게도 불러왔다. 어른 들이 부르니 우리도 따라서 그렇게 불렀는데 그 이름부터 좀 괴이하였다. 아무튼 필자는 '게 발 샘이' 라고 부르면서 이야기를 진행해 보려고 한다, 필자에게는 이렇게 부르게 된 동기가 있기 때문이다.

보통 샘이는 땅을 파 들어가 지하수층을 관통하여 그 흐르는 물이

고이면 두레박이나 펌프로 끌어올려 사용을 하는데 이 샘이는 지하에서 맑은 물이 지상으로 퐁퐁 솟아올라 그 물이 개울을 이루어 흘러내리는 것이다.

그리고 아무리 추워도 어는 법이 없었고 여름에는 얼음물처럼 차가웠다. 지하에서 솟아오르기 때문에 당연하다고 보지만 동네 한 가운데 이런 샘이 있어 너무나 요긴하게 여러 사람들이 혜택을 보고 있어 참으로 고마운 샘이기도 하였다. 주변의 사람들은 샘이에 나와 산중에 있는 약수처럼 떠 마시며 목도 축였고 우물이 없는 집에서는 양동이에 식수로 받아갔다. 가까운 집에서는 솥단지를 들고 나와서 쌀도 씻어 솥 안에 앉히고 그 물로 밥을 지을 정도로 신뢰로운 샘이었다.

어디 그 뿐인가? 쌀 한 톨이 몹시도 귀하던 시절, 식량이 모자라 배고픔의 설움이 민생을 울리던 우리네 60년대에 이 게 발 샘이는 논농사를 짓게 해준 생명의 샘이였다. 아무리 가물어도 일정하게 물이 솟아올라 문전옥답의 벼농사를 제 때에 짓게 해주는 이 게 발 샘이는 분명 동네의 큰 은혜요 보물이었다. 이 물이 흐르는 곳의 아래로는 송사리도 살았고 가재도 살았고 민물새우도 살았다. 이 들은 아주 맑은 물에만 살 수 있는 수생 곤충이며 담수어다.

한 번은 여름에 하교를 하다가 하도 더워서 동네 아낙네들의 빨래터이기도 한 이 게 발 샘이의 아래쪽에 발을 담그고 몸을 식히고 있는데 뭐가 새끼발가락을 꽉 물고 끌어 담기는 바람에 혼비백산한 적이 있었다. 시커먼 털이 달린 그 괴물은 냄비 뚜껑보다 큰 참게였다. 동네 사람들은 거대한 괴물 참게를 게 발 샘이의 지킴이라고 했고 절대로 해치면 안 된다고 했다. 만약 이 지킴이가 잘못되면 게 발 샘이는 마를 수밖에 없다고 했다.

게 발 샘이에 발을 담궜다가 발가락이 잘릴 뻔 했던 일을 할머님께

말씀드렸더니 할머니께서는 온화한 미소를 지으시며

"오! 그러냐. 게 발 샘이 지킴이가 우리 장손에게 좋은 소식을 갖다 주려나 보다. 아직 그 지킴이 하고 몸이 닿은 사람이 없었는데…. 허허허"하고 크게 웃으셨다.

필자는 그런 일이 있고서야 이 샘이의 이름이 왜 '게 발 샘이' 인가를 알게 되었고 그 연유에 대해서 할머니께 좀 더 자세하게 여쭙게 되었다. 큰 게에게 한 번 혼이 난 뒤로 항상 오가며 거기를 들여다보게 되었는데 바위 밑의 그 굴 입구를 지키고 있는 게는 정말 장대했다. '나 여기 있다' 고 알리는 것처럼 굴 바깥으로 항상 삐죽이 나와 있는 시커먼 털이 달린 게 발끝의 백옥 같은 발톱은 날카롭기가 비수와 같았고 만약 10개의 저 발톱으로 꽉 움켜쥐면 새끼 고양이 한 마리 정도는 꼼짝 없이 끌려들어 갈 수 있을 정도였다. 안을 더 들여다보면 맑은 물속에서 그 특유한 아날로그의 신비스러운 파란 광채를 내뿜는 두 눈이 형형하게 빛나는데 소름이 확 끼칠 지경이었다. 철갑옷을 두른 듯 단단한 외모에 곧추 세우고 있는 두 개의 검은 털 탈린 집게발은 마치 삼국지에서 관운장이 긴 수염 휘날리며 들고 있는 청룡언월도의 형상이었다. 그것도 하나가 아닌 두 자루로….

어느 해 청둥오리 한 쌍이 이 게 발 샘이에 내려앉았다가 한 마리가 물속으로 끌려들어가는 일이 있었다는 동네 어른들의 이야기를 실감나게 느낄 수 있는 게의 위용이었다.

동네의 전설에 의하면 이 참게는 마을의 역사와 같이 한다고 했다. 대를 이어 이 굴에서 살아오는 이 거대한 게를 신령스럽게 생각하는 이유는 우선 그 크기가 상상을 초월하는데다 원래 야행성인 이 게는 한 번씩 물 밖으로 나와 길 한가운데 버티고 있으면 동네로 들어와 가축을 해치려는 족제비나 삵쾡이 독사들이 맥을 못 추고 돌아간다는 것이다. 이런 상황을 목격한 동네 사람들은 이 거대한 참게에 대해 더욱 신령스런 마음을 갖게 되었다고 했다. 그리고 이웃 마을에 역질이 돌아 모든 마을에 퍼져갈 때도 우리 마을은 많이 비켜갔다고 했다. 밤에 길 한가운데 나와 하얀 거품을 물고 10개의 발로 뿌려내는 거품 덩이는 특유의 냄새를 뿌리며 마을 골목골목을 비누방울처럼 떠다녔다고 했다. 동네 사람들은 그 거품과 특유의 냄새에 역질도 감히 마을로 들어 올 수 없다는 설화까지 만들어 내었다.

필자의 어릴 적 그런 일들을 지켜본지가 반세기가 넘었는데 왜 갑자기 그 때의 그 전설적인 '거대한 괴물 참게' 와 '게발샘이' 가 필자의 뇌리를 치며 오는가? 그건 다름 아니다. 그 순수했던 시절이 우선 그립기도 한 정서가 있겠지만 그 보다도 더 간절한 것이 있다.

바로 우리시대의 '게 발 샘이' 와 '게 발 샘이 지킴이' 참게가 그리운 것이다. 괴물처럼 생긴 모습으로 나쁜 동물들의 동네 침입을 막고 거품방울과 특유의 체취로 역질을 몰아내던 게 발 샘이 지킴이를 우리는 기다리는 것이고 시궁창 추악한 물을 시도 때도 없이 쏟아내는 불확실성의 웅덩이가 아닌 고향 마을 그 '게 발 샘이' 의 세상을 열어보자는 것이다.

왜 연 초부터 게 발 이야기인가? 그 해의 십 간 십이지에 의한 동물 이야기는 하도 진부하다. 올해가 뱀의 해이니 이 지구상에 뱀의 해가 수없이 지나갔지만 항상 같은 이야기였을 것이다. 작년에 임진년 흑룡의 이야기를 했던 것처럼. 게는 띠에도 들어가지 않지만 오래 전부터 화가들의 그림에 상스럽게 등장하는 우리들과는 아주 친근한 동물이다.

시커먼 털 달린 그 게 발은 강력한 포스가 느껴진다. 단단한 발톱은 예리하고 힘이 있어 믿음이 간다. 한 번 잡은 것은 절대 놓칠 것 같지 않다. 또 다른 후덕하리만치 촘촘하고 부드러운 검은 털에 숨겨진 집게발은 잘라내지 못할 것이 없어 보인다. 반면에 열 개의 발로 품어 안은 모양은 대단한 포용력으로 느껴지기도 한다. 게가 수 백 만 개의 알을 부화하여 그 새끼를 가슴에 품고 키우고 있는 모습을 보면 경외심마저 느껴지게 한다. 그리고 애틋한 모정을 느끼는 장면이기도 하다.

조선 시대 유명한 화가 단원 김홍도는 게 그림을 많이 그렸다. 그리고 그 당시 과거 시험에 장원 급제하라는 뜻이 숨어있기도 하여 이 게 그림은 상스러움의 느낌을 주는 축복 받은 그림이었다. 이는 중국에서도 마찬가지였다.

단원의 게 그림 중, 화제(畵題는)에 '海龍王處也橫行(해룡왕처야 횡행)' 이라고 쓴 것이 있다. '바다 속 용왕님 계신 곳에서도 나는야 옆으로 걷는다!' 과거시험에 합격해도 그것이 끝이 아니고 이제부터가 참된 시작이다. 정신 차리고 하늘이 내려준 품성대로 똑 바로 살아야 함을 다짐하는 것이다. 권력이나 불의 앞에서 쭈뼛거리지 말고, 천성을 어그러뜨리지 말며, 되지 않게 억지로 앞으로 휘청거리며 이상하게 걸을 것이 아니라, 제 모습 생긴 대로 옆으로 모름지기 삐딱하게 걸을 것이다. 정문일침(頂門一針)! 참으로 뼈가 선 한마디다. 바로 선비의 길이며 자연인의 길이다.

정초에 식구들에게 고향의 이 '게 발 샘이' 전설을 들려주었더니 막내아들은 즉석에서 '게 발 샘이 지킴이' 의 느낌을 스케치하여 나에게 주면서

"아버지, 전설 따라 삼천리 잘 들었습니다. 이 그림이면 이야기 값이 되려나요?"

지난 번 제1시조집을 낼 때 삽화를 그려준 아들이다.

(13.1.7)

2부
위기의 창

필살(必殺)이라는 적대행위 앞에서

어느 중.소도시의 초등학교 고학년의 학생회 임원 50여명을 상대로 집단상담 프로그램을 수행할 할 때의 일이었다. 프로그램에 몰입해 있던 시간에 그것도 명상이라는 주제로 마음의 평온을 찾고 있을 시간에 갑자기 덩치 큰 곤충 한 마리가 날아 든 것이다. 학생들은 일제히 놀라며 날아 든 곤충에 공포심을 일으키는 듯 했다. 한 명이 소리쳤다.

"벌이다 벌! 죽여야 해!"

그리고는 전광석화처럼 청소함의 대걸레를 들고 곤충을 따라 다니며 후려치기 시작했다. 이어서 거의 모든 학생들이 빗자루며 총채를 들고 책상위에 까지 뛰어다니며 난리를 피웠다. 저러다가 책상이라도 넘어지거나 진열장의 무거운 물체라도 떨어지면 큰 사고라도 벌어질 상황이었다. 자세히 보니 그건 벌이 아니고 꽃등에였다. 벌처럼 생겼지만 침이 없는 곤충이다. 엄격하게 구분하면 그 곤충은 파리의 종류에 속한다. 벌이 아니니 안심하고 자리에 앉으라고 해도 막무가내다. 한 마리 곤충에 대한 학생들의 필살의 각오는 대단했다.

질서 없이 휘둘러 대는 대걸레나 빗자루는 깨끗하지 못한 물방울이나 먼지만 날릴 뿐 곤충을 잡지는 못하고 계속 소란만 가중될 뿐이었다. 그 와중에서도 상담사의 말을 굳게 믿으며 동요하지 않고 명상을 계속하고 있는 서 너 명의 학생들이 각인되어 왔다.

'그래 너희들이 소금이고 빛이구나!'

이미 대다수 학생의 필살의 의지가 분출된 그 혼란상황은 또 다른 사고를 불러일으킬 수도 있어 학생보호 차원에서 고함을 몇 번 치고 강제로 학생들을 자리에 앉혔다. 그리고 조용히 유리 창문을 열어주니 그 곤충은 곧 밖으로 유유히 날아갔다. 순간 학생들은 정신 공황상태가 된 듯 했다. 전혀 다른 차원의 공간이 열린 듯 한동안 멍해진 아이들, 잡아 죽여야 한다는 다중집단의 히스테리성 발작이 최고조에 달했을 때 전혀 다른 새로운 해법 하나를 가르쳐 준 나를 외계인 보는 듯 했다.

이날 있었던 조그마한 소란은 어떤 위기의식에 자기보호 본능의 행위라고 치부해 버리면 그만이다. 그러나 그 심층을 정신분석학적으로 들여다보면 결국 크나큰 문제가 가로놓여있음을 알 수 있다.

첫째는 벌과 꽃등에도 구별 못하는 생물환경교육의 문제
둘째는 꼭 죽여서 끝장을 내어야 한다는 생명관의 문제
셋째는 지도자가 이야기 하여도 믿지 않는 불신풍조의 문제
넷째는 사물을 공존의 대상으로 보다는 타도의 대상으로 보는 문제
다섯째 어릴 적부터 자연친화적인 환경에서의 소외된 삶의 방식 문제
여섯째 사소한 변화에도 과잉 반응하는 조급한 성격형성의 문제
일곱째 인성교육을 멀리한 지식위주의 교육이 가져오는 문제 등,

외에도 인간의 오욕칠정을 모두 다 끌어와 사유 해봐도 될 만 한 화두를 지닌 문제다. 적어도 옛날에는 그러지 않았다. 우리가 이 학생들만 한 나이, 아니 더 어렸을 때도 우리네 배움터는 꽃등에 한 마리에 이렇게 난장판이 되지는 않았다. 그냥 꽃향기에 취해 교실에 들어온 벌이나 새들은 같이 놀다가 유유히 제 갈 길을 가곤 했는데 요사이 아이들은 이들 곤충과 동물들과 같이 놀 줄 모른다.

그냥 죽여야 하는 필살의 대상이다. 그 것 뿐이 아니다. 아침 일찍 들판에 나가 풀잎 끝에 맺혀있는 이슬방울이나 수면에 어리는 아침 안개는 얼마나 영롱한 자연의 선물이었던가. 맑은 이슬방울들이 맺히는 자연현상이나 자연의 오묘함을 보고 몸소 체험하며 아이들은 영혼들을 맑게 키워갔다.

모두가 그런 건 아니지만 대부분 요새 아이들은 예쁜 신발과 옷에 이슬이 젖는다고 아예 풀밭 길에 나가는 것조차 꺼려한다. 오래 전 나의 자녀들이 초등학교를 다닐 적 일요일 어느 날 모처럼 시간을 내어 맑은 시냇물이 졸졸 흐르는 곳으로 가족들 모두가 야유회를 간 일이 있었다. 열심히 돌을 제치며 모래무지와 다슬기, 가재와의 만남을 가르쳐 주니 아이들은 시큰둥한 반응이다. 별 관심이 없었다. 일요일 집

에서 만화영화를 보거나 컴퓨터 오락을 하면 좋을 텐데 왜 이런 시냇가로 데려 왔냐는 무언의 항변이다.

이제 다 커버린 아이들, 오늘도 봄맞이로 꽃망울이 커가는 뒷산으로 바람이나 쐬려 같이 가자고 했지만 반응은 별로다. 일요일에 잠이나 자야하는 피곤한 아이들, 세상 참 살맛이 없어지는 걸 이 세대들은 알기나 할까? 봄 향기 감도는 들판을 보려면 뒷산 꼭대기가 최고다. 어느 새 나는 배낭과 등산화를 찾는다.

(11.3.6)

위기의 창(窓)

우리 인간이 애초에 건물에 창을 낼 때는 참으로 순수했을 것이다. 밝은 빛을 받아들임이 '통광' 이요. 맑은 바람을 받아들임이 '통풍' 이었다. 그러나 언제부턴가 이 창에 위기를 느낀 사람들은 쇠창살을 달기 시작했다.

언젠가 서울에서 자칭, 타칭 재산가들이 모여 사는 어느 동네에 가볼 일이 생겨서 그 곳을 찾았다. 우선 높은 담장과 철통같은 대문이 가슴을 답답하게 하더니 그 것도 모자라 담장이나 집 곳곳에 설치된 또 다른 감시의 창인 폐쇄회로 카메라는 불쾌감마저 들게 하였다. 부자동네가 어디 서울에만 있으랴만 다른 곳도 사정은 별반 다르지 않을 것이다. 모은 재산을 지키고 생명을 지키며 또한 다른 무엇을 지키기 위한 이러한 감시 장비는 그만큼 이 사회가 타인의 어떤 위험한 범죄

행위에 자유롭지 못하다는 반증일 것이고, 타인에 대한 불신풍조가 만연해 있음을 반증하기도 할 것이다. 그 '감시의 창' 인 카메라가 번쩍거리며 회전하고 있음에 황량한 벌판 홀로 서있는 유랑객처럼 마음이 허전해 왔음은 왜일까? 그러나 더 이상 생각을 말아야 한다. 이런 저런 이야기를 꺼내봤자 또 다른 오해만 사고 말 것이다.

'뭐라고? 폐쇄됐다고? 답답하다고? 들어와 봐라 생각이 달라질게다.'

이런 경우 바깥에서 사물을 보는 창과 안에서 바깥을 보는 창이 전혀 다를 수도 있음이다. 그건 사회 통념에 맡겨 둘 일이지 왈가왈부하면 또 다른 이론들을 펼쳐야 한다. 이건 그냥 가볍게 넘어가자. 그리고 창 중에는 시도 때도 없이 날아 들어오는 매연과 소음과 악취에 아예 폐쇄해버린 창도 있다. 총알이나 다른 둔기에 의해 목숨을 위협당하는 테러에 대비해 '방탄창' 으로 무장하는 경우도 있다.

그러면 '마음의 창' '대화의 창' 은 어떤가? 대인관계의 불편함에 잘 열지를 않으려고 하는 사람이 많아지는 것 같고 아예 그 창을 닫아버리고 사는 사람도 꽤 많을 것 같다. 심지어는 그 닫고 살던 '마음의 창' 을 열지 못하고 있다가 어느 한 순간에 '물리적 창' 을 열어 마음도 몸도 모두 던져 비극적 삶을 마감하는 경우도 우리 주위에는 많이 있다.

'남북의 창' 도 마찬가지다. 어느 한 쪽의 정신적, 물질적 노력에도 좋은 쪽으로 변한 것은 없고 들이미는 것이 핵폭탄이요. 미사일이요, 불바다 발언에다 상대방의 땅에 포격이나 퍼부으니 그 창은 이미 폐쇄된 거나 다름없다.

독재자를 권좌에서 물러나게 하려고 죽음도 마다 않는 반정부군이나 내가 아니면 이 나라가 파탄이 난다고 친위대의 비행기로 자기 국민을 대량으로 학살하는 지구 저쪽 사막의 나라도 심상치 않거니와 그 불안한 '정정의 창' 은 우리에게도 강제적으로 에너지를 절약해야 하는 사태로 닥아 왔고 그 사막의 나라에 송유관 공사를 맡아서 하고 있거나 끝냈거나 또 다른 건설 공사를 맡은 우리나라의 기업체는 땀 흘린 대가는 받았는지 궁금한 게 한두 가지가 아니다. 앞으로 얼마나 더 많은 사람들이 죽어 나갈 것인가? 이른바 '세계의 창' 에 어른거리는 일말의 불안감을 감출 수 없는 것은 나만의 생각이 아닐 것이다.

가깝거나 멀거나 어떤 창을 들여다봐도 위기로 가득 차 있다. 지진 한 번이면 와르르 무너져 내릴 수백 수 천 톤의 무게로 대형 건물에 붙어있는 '두꺼운 유리창' 이 있는가 하면 '방범창' 이라는 쇠창살을 달아야만 하는 '세상인심의 창' , 해저 박물관이나 대형수족관의 창도 때에 따라서는 어떤 영화에서처럼 되지 않으란 법은 없다. 그러고 보면 이제 창은 불안감의 기운이 침투하는 '위기의 창' 으로 표현될 수도 있다.

그러나 우리는 이 위기를 벗어날 수 있는 '지혜의 창' 을 열어야 한다. 매연과 소음과 악취 때문에 창을 열지 못하는 열악한 환경의 국민들도 참 많다. 쾌적한 환경에서 살고 싶은 마음은 누구나 다 간절하지만 그게 하루아침에 해결되는 것도 아니고 자기가 살고 있는 나라, 살고 있는 도시, 자기 능력이나 기후환경에 따라 살아야 하는 운명이니 각자 나름대로 주어진 환경 속에서 세상의 창을 좀 바꿔보면 어떨까? 그건 자기의 생각을 바꾸는 것과 똑 같음이다.

필자는 서울 한 복판에서 살다가 좀 한적한 소도시의 천보산맥 아래로 얼마 전 이사를 왔다. 내가 살고 있는 곳이 뉴타운이 된다고 해서 몇 년 한적한 곳에서 자연환경과 친하며 글도 써 보리라는 생각에서다. 우선 머리가 맑아지고 눈이 밝아져 제1시집을 낸지 삼년 만에 이곳에서 제2시집 『남녘 바람 불거든』을 출판하였다. 그 산맥에서 내린 맑은 물은 중턱과 산 아래 몇 군데에 약수터를 제공하고 시냇물이 되어 아파트의 동과 동 사이를 내려와 가재와 피라미가 살고 있으니 이만한 자연환경은 수질오염에서 벗어날 수 있고 틈만 나면 뒷산으로 올라 산맥을 타는 것이다.

편도 15시간 정도 걸리니 며칠을 나누어서 횡단해야하는 천보산맥이라 우선 그리 험하지 않고 길지 않은 그 산의 규모가 마음에 들고 백두대간의 한 맥이 연결되는 곳도 있으며, 그 산맥의 한 자락에 방랑시인 김병연[김립, 김삿갓]의 고향인 회암동이 자리 잡아 이 산맥을 타고 한양이나 지방 각 처를 방랑한 흔적이 있는 조금은 애달픈 사연도 있고 또 한쪽에는 '청산은 나를 보고 말없이 살라하고, 창공은 나를 보고 티없이 살라하네…….' 라는 선시를 남긴 고려 말의 고승이며 무학대사의 스승 나옹선사가 중창한 회암사의 회암사지가 있어 찬란했던 불교문화의 흔적도 볼 수 있고, 옛 선인들의 피땀 흘린 흔적이 묻어 있는 호국의 파수대였던 6개의 보루를 어루만져 보는 것도 뜻있는 일이며, 최근엔 6.25동란 때 조국을 지키다 산화한 피 끓는 젊은 병사들의 유해 발굴 작업장을 숱하게 볼 수 있어 이곳을 지날 때 마다 묵도의 시간을 갖는다.

이른바 '호국의 창' 에 어른거리는 수많은 충혼들과 대화하는 시간을 갖기도 한다. 이러저러한 역사적 사연이 숱하게 뿌려져 있는 이 산맥은 한동안 나에게 있어 자연의 숨결과 사람의 숨결이 엉켜져 한동안 같이 뒹굴어야 하는 산맥이 되어버렸다.

이곳에 와있는 동안 서울의 뉴타운에 대한 인쇄물들이 시도 때도 없이 날아오고 건설회사의 직원이 이곳까지 문턱이 닳듯 드나들었고 조합의 아르바이트 직원들도 서류에 도장 받아가기에 바빴던 때도 있었다.

이른바 재개발이라는 서로간의 이익관계가 충돌을 일으킨 혼미한 상황을 보며 무지와 날조와 반목을 일삼는 그야 말로 세상 종말을 보는듯한 '목불인견의 창' 을 보고야 말았다. 조합원들은 편을 갈라 상대방 치부를 열어젖히고 서로 까발리는 추잡한 일이 생기고 드디어는 막판에 치고받는 구타행위도 생겼다. 조합장을 물러나라고 난리를 치던 비대위들이 요리조리 머리를 굴리고 삐라를 뿌리고 발품을 팔아 세를 불려서 자기들이 그 자리를 차지하더니 또 한 번 뒤집어지고, 공공으로 가야한다는 파가 또 득세를 해 싸움질을 하다가, 가까스로 공공으로 가는 것은 막았고 이후로는 건설사들 간에 불이 붙어 조합원들끼리도 패가 갈려 난리를 치는 열병을 앓다가 가까스로 컨소시엄으로 결정이 난 상태다.

대충 자료를 보니 새집에 들어가려면 몇 억을 더 내야 한다는데 그런 큰돈도 없거니와 아무리 쾌적한 환경의 새집으로 만든다고 떠들고 있지만 천만의 말씀이다. 인구는 몇 백배로 더 들어와 북적 될 것이고, 대형마트며 오락실들이 즐비 해 질 거고, 각종 음식점들에서 태우는 고기냄새는 더욱 짙어지고, 유흥업소에서 만취한 상태로 바깥에 나와 추태를 부리는 꼴은 더욱 그 횟수가 잦아질 것이며, 인구와 비례해서 몇 백배로 늘어나는 승용차들의 매연을 또 어찌할 것이며, 필연적으로 따라오는 정체와 지체는 어떻게 감당할 것인가? 지금 생각은 서울로 다시 들어가는 것이 싫어진다. 지금 살고 있는 곳 보다 더 친환경적인 곳으로 탈출을 시도해 보리라. 가끔 그 파란 물 눈에 보이는 내 고향 남쪽 바다가 불현듯 떠오르기도 한다.

결국 이런 저런 '위기의 창' 을 벗어나야 인간의 삶이란 게 영위 될 터인데 내 주변에 보이는 환경을 '원초적 순수의 창' 으로 바꿔보는 것도 한 방편이 될 수 있음을 말하고 싶다. 이 건 잘못 해석하면 '너는 도시의 잘 정비된 쾌적한 곳에서 살 수 있는 능력이 없으니 촌으로 가서 살아라.' 라는 말로 들리기도 할 것 같아 무척 조심스럽게 던져보는 나의 혼잣말이라고 해야 좋을 성 싶다.

'마음의 창' '대화의 창' 을 닫아버린 사람들도 참 많다. 누군가 열어주지 않으면 자기 힘으로 그 창을 열 용기와 여력이 없는 사람들에게 어떻게 하면 창을 다시 열게 한 것인가를 고민해야 하며 지금 우리 민족의 역사의 창에는 3월의 하늘이 보여주는 민족혼이 어려 있다. 우리 역사 오염되지 않게 그 역사의 창을 맑고 투명하게 닦아야 할 때다. 봄이 오는 계절의 창에 요새처럼 어수선한 시절의 이야기 아닌 우리네 옛 시절의 그리운 매화꽃 향기와 유채꽃 소식이 들려오기를 기대해 본다.

이왕이면 우리의 그 옛날 한지 바른 창문이면 더욱 좋으리라. 따가운 햇살도 뽀오얗게 걸러져 얼비치고, 세찬 바람도 적당히 훈풍으로 다듬어지며, 너무 진하지 않게 순하게 스며오는 꽃향기가 무척이나 좋았던 우리네 한지 창문 말이다.

오늘 종로5가에 가서 청 매실 나무 5그루와 대봉 감나무 5그루를 샀다. 어디에다 심을지는 생각중이다. 그리고 그 매화꽃이 얼비치고 매화향기가 어리며 발갛게 익은 홍시가 매달려 있을 그 '고향의 창' 을 보기 위함이다.

(11.3.11)

모자람의 美學

과유불급(過猶不及)이라 했다. 넘치면 모자람만 못하다는 뜻이라는 걸 누구나 다 안다. 그러나 잘 알면서도 실제로 이 상황으로 몰아가는 이유는 무엇인가? 욕심이다. 그래서 그러한 욕심을 허욕이라 한다. 인류사에서 이 현상 때문에 국가적으로는 패망하거나 사회적으로는 퇴폐하거나 개인적으로는 패가망신하는 경우가 참 많았다.

그러나 모자라도 한참 모자라는 경우는 또 비참한 결과를 가져오는 경우가 있으니 하나의 예로 식량난으로 많은 인구가 기아에서 허덕이다가 죽어가는 지구상의 여러 나라의 경우다. 이와 같이 모자람이 극에 달한 경우는 여기에서 말할 필요도 없다. 그것은 오히려 모자람 때문에 생기는 문제이기에 더 채워서 해결해야 할 문제다.

물자가 넘쳐나서 버리는 것을 일삼게 되면 자원의 고마움을 잊게 되고 그 물자의 고갈은 빨리 이루어지게 된다. 돈이 넘쳐나 함부로 쓰게 되면 언젠가는 빈털터리가 될 것이다. 자유가 넘쳐나면 방종이 따른다. 권력을 남용하면 필연코 대중의 저항을 받기 마련이고 시간이 넘쳐 나면 잡념이 생기게 되며 그 넘치는 시간을 잘 활용할 방법을 찾는 지혜가 부족하면 필연코 비생산적인 일에 몰두할 확률이 높다.

인물이 너무 빼어나도 미인박명(美人薄命)이란 덫에 걸려 고생하는 경우가 허다하다. 그런데 미인박명(美人薄命)해도 좋으니 빼어나게 살면 좋겠다는 사람도 꽤 많으리라 보는데 이런 경우는 어찌 보면 욕심이라기보다는 순수한 희망사항일 경우도 있을 것이다. 미인만 하고 박명은 버릴 수 있도록 노력해서 이루어질 수만 있다면 굳이 탓할 이유도 없다. 그러나 그것이 잘 안되니 이런 말이 고금동서에 존재하는 이유일 것이다.

너무 과식해서 생기는 부작용이 요즘 큰 문제다. 단순히 양만 가지고 따지는 것이 아니라 영양이 너무 과한 경우를 말한다. 비만증 때문에 고민하는 사람이 얼마나 많은가? 너무 잘 먹어서 생기는 병이니 이것 또한 과유불급이다. 이 문제는 정답이 벌써 나와 있다. 소식하는 사람이 장수한다는 말이 그 말이다. 학이 천년을 산다고 했는데 학의 위는 항상 8할이 비어 있다고 한다. 인간의 위와 학의 위가 그 구조상으로 같지는 않겠지만 교훈적으로 받아들이는 경우가 많다.

너무 많은 음식을 그것도 발암물질이 들어 있는 음식을 너무 많이 먹으면 찌꺼기를 배설하기에 힘들고, 그러다 보니 몸에 남아있는 노폐물의 양이 적게 먹을 때보다 암 발생률이 높아질 것은 틀림없는 일이니 소박한 옛날 식단으로 돌아가는 추세다. 이른바 웰빙음식의 추구다.

지금은 그 통계가 바뀌었는지 모르겠지만 한 때 한국인이 암 발병률과 사망률이 세계 1위를 기록했던 일이 있다. 전문가에 의하면 그 원인이 여러 가지가 있겠지만 경제적으로 풍족해진 상태에서 갑자기 여러 가지 음식을 많이 먹는데다가 바쁜 생활에 인스탄트 식품을 많이 먹는다는 것이 하나의 원인이라고 했다. 그리고 그 인스탄트 식품을 담는 일회용 용기에 발암물질인 표백제가 많이 들어있는 것도 하나의 이유라고 했다. 한 말로 빨리빨리 해치우겠다는 생각, 그 생각의 과유불급에서 생기는 불행한 일이다.

또 불명예스런 일이 있다. 한국이 교통사고율이 세계 1위로 나와 있으니 이 것 또한 자동차 보유대수의 과다나 운행에서의 과속 등이 원인일 것이다. 이러고 보면 한국은 지금 과유불급의 여러 가지가 인간 삶의 질을 추락시키고 있는지도 모른다. 오히려 경제적으로 조금 빠듯해도 규모 있게 쓰면서 한 가족이 절약저축하고 이웃 간에 다정하게 지내며 콩 하나라도 서로 나누어 먹던 시절이 더 행복했는지도 모른다. 고가의 고층아파트에 살면서 앞집 옆집에 누가 살고 있는지도 모르는 삶의 형태라던가 지하 주차장의 택시에서 몇 푼의 동전을 훔쳐가려고 수리비가 기십 만 원을 넘는 유리 창문을 부숴버리는 시대에 우리는 살고 있다.

학교 성적이 떨어진다고 고층에서 뛰어내려 생을 마감하는 심약한 청소년도 생겨난다. 부모의 재산을 빨리 차지하려고 자식이 그 부모를 살해하는 일도 있어 많은 사람들이 경악한 경우도 있다. 공직자가 재물에 눈이 멀어 국가재산을 횡령하는 경우도 심심찮게 신문의 사회면을 장식하고, 은행이 망할 처지가 되자 다수의 서민 고객들을 살릴 생각은 않고 자기들 친인척에게 미리 예금을 인출하게 하여 도덕적으로 경제적으로 도저히 있어서는 아니 될 일을 저질러서 큰 문제가 되었다.

수없이 많은 이러한 일들과 생각들은 모두가 과유불급에서 오는 불상사들이기에 오히려 모자람의 미학(美學)이 아름다워지는 세상이 된 것 같다. 며칠 전 우리는 최악의 황사를 경험했다. 이 것 또한 인간의 과도한 개발이 지구의 사막화를 부추긴 결과요 불행이다. 마실 공기 제대로 못 마시고 먹을 물 제대로 못 먹으니 이제 과유불급(過猶不及)의 진리는 이 시대의 가장 큰 화두인 것 같다. 조금 모자라도 좋다. 넘쳐서 게워내는 것 보다 속이 훨씬 편하다. 지금 각 계 각 층에서 자행되고 있는 과욕의 현주소를 처연하게 바라본다. 먹고 또 먹고 모자라 남의 것 훔쳐 먹고 게워내는 꼴은 선량한 다수에게도 역겨운 일이다.

(11.5.7)

흑묘(黑猫) 백묘론(白猫論)을 생각하며

'흑묘백묘 주노서 취시호묘(黑猫白猫 住老鼠 就是好猫)' 는 '검은 고양이든 흰 고양이든 쥐만 잘 잡으면 된다.' 는 뜻으로 1970년대 말부터 덩샤오핑(鄧小平)이 취한 중국의 경제정책을 말한다.

중국의 개혁과 개발을 이끈 덩샤오핑이 1979년 미국을 방문하고 돌아오면서 '자본주의든 공산주의든 상관없이 중국 인민을 잘 살게 하면 그것이 제일이다.' 라는 뜻으로 한 말이다. 이 말은 '흑묘백묘론(黑猫白猫論)' 으로도 불리며 1980년대 중국식 시장경제를 대표하는 용어로 자리 잡았다. 덩샤오핑의 이러한 개혁 · 개방정책에 힘입어 중국은 비약적인 경제 발전을 거듭하여 세계에서 유례없는 중국식 사회주의를 탄생시켰다. 지금 중국이 세계무대에서 발언권이 세어진 이유는 다름 아닌 경제력과 그 경제력에 힘입어 군사력이 강대해졌음에 있다.

고양이 이야기가 나왔으니 고양이에 관련된 우리 속담 하나를 짚어본다. 우리의 속담에 '고양이에게 생선가게 맡긴다.' 는 말은 고양이의 속성상 절대 생선가게를 맡겨서는 안 된다는 뜻이 숨어있다. 개는 그래도 사람에 대한 충성심이 강하여 길만 잘 들이면 생선가게 지키게 하는 것이 가능하다. 그러나 고양이는 불가능하다. 개는 하루를 키워도 주인을 알지만 고양이는 100날을 키워도 주인을 모른다는 말도 있다.

금융기관을 감독하기 위해 존재하는 기관이 금융기관을 감독하기는 커녕 오히려 한 통속이 되어 부정한 일을 저지른 일이 세상에 알려져 시끄럽기도 하거니와 더우기 그 금융기관의 대주주 · 직원들의 횡령사건이 터져 국민을 아연실색케 했고 영업시간 외에 은행직원과 특수계층의 고액 예금자들의 불법 인출 등으로 다수의 예금자들은 불안을 감추지 못하고 그 분노가 하늘을 치솟고 있다. 고양이에게 생선가게 맡겼다가 낭패를 본 꼴이 아니고 무엇인가?

공인을 적재적소에 앉힐 때 검은 속을 알 수 없으니 이는 업무를 담당한 각자의 수신제가(修身齊家)에 달려있다. 지금의 혼탁한 삶의 방식들이 이토록 범람함은 어릴 적부터 인성 교육이 잘못된 결과가 아닌가를 돌이켜 보아야 하고, 황금만능주의에 영혼을 팔아먹고 부정한 방법으로 재물을 긁어모으는 물신주의의 팽배에 그 원인을 찾아야 한다. 이러한 부정부패의 만연은 앞으로 확대 재생산될 것이며 더욱 참담한 세상에 살게 되는 다수의 선량한 사람들마저 삶의 기준이 흔들릴 것이다.

중국이라는 거대한 생선가게를 맡은 중국의 지도자는 생선은 다치지 않고 중국 인민에게 경제발전의 크나큰 대어까지 외부에서 낚아와 중국을 살찌게 하고 오늘의 중국을 만드는 기틀을 마련했다. 이념의 갈등을 최소화하고 오로지 국가 발전의 초석을 위해 사심 없이 일한 등샤오핑은 중국 역사에 길이 남을 위대한 인물이 된 것이다. 우리나라의 도처에서 벌어지고 있는 작금의 이런 불미스런 일은 극소수의 사람들이 저지르는 일이지만 그 장본인들이 지도층의 위치에서 저지르는 일이기 때문에 더 심각하고 충격적이다. 검은 고양이든 흰 고양이든 생선가게는 절대 맡기지 말아야 한다.

(11.5.16)

영혼 갉아먹기로 살찐 사람들

전산망의 허술한 관리로 해커의 대표적 표적이 되어 한 때 마비상태로 크게 열병을 앓던 금융기간이 있어 예금자와 투자자를 걱정하게 하고 일반 국민들도 망연자실하게 만들더니 이제는 전산망이 아닌 영혼을 팔아먹은 자들의 부패 바이러스가 상 · 하 서로 한 통속이 되어 창궐하더니 마침내 전산망이 아닌 양심의 그물망마저 크게 오염시켜 버렸다. 말세론 적 위기감을 느끼는 사람들이 있는가 하면, 이제 만성이 되어 걱정은커녕 코웃음만 치는 사람도 있다.

허위 회계장부를 믿고 돈을 맡긴 예금자와 투자자들이 저축은행 앞에서 울부짖는 일이 다시는 없어야겠지만 많은 사람들은 B저축은행과 또 다른 B저축은행의 사태를 보며 막장 드라마를 보는 착각에 빠진다. 금감원의 썩은 냄새가 대한민국 전역에 알려지다 보니 금감원이 눈감아 준 은행의 부정이 어디 이 두 은행뿐이겠냐는 자조 섞인 말들이 오고간다.

소액을 맡겼거나 거액을 맡겼거나 그에 따른 정당한 이윤을 보장받는 적법한 은행의 이용은 현대 사회에서 필수불가결한 경제행위다. 시장경제 원칙의 한 축을 담당하고 있는 중요한 어느 부서가 중심을 잃고 크게 흔들렸다. 따라서 작금 벌어지고 있는 목불견의 부패행위에 다수의 선량한 국민들이 충격을 받고 같이 흔들리고 있음은 당연할 일이다.

한 시대 탁류의 흐름이 거세어 자기도 모르게 휩쓸려 들어간 사람들은, 같은 물에 사는 같은 물고기가 한 통속이 되어 흐르다가 탁류가 몰고 온 녹조나 적조에 갇혀 그 집단이 폐사하는 것처럼 그 종말이 사뭇 비참하다. 윗물이 흐리니 아랫물이 맑을 수 없고 흐려진 아랫물은 역류하여 윗물을 더욱 오염시키니 그 더러운 치부가 드러나 다수의 양심세력들은 그 것을 바라보기가 심히 민망한 요즘이다. 그 한통속이 학연과 지연으로 똘똘 뭉친 돈 빼어내기 비열한 짓을 했으니 많은 사람들의 지탄을 받을 수밖에 없고 더구나 소액 투자를 한 다수의 선량한 사람들은 땀 흘려 번 피 같은 돈을 지키려고 발버둥을 치고 있는 것이다.

'떵떵거리고 살더니 다 그런 구린 돈이었구나!'

'높은 자리에 오르더니 그 짓 하려고 그랬구나.'

땀 흘려 부지런히 일해서 정당하게 모은 재물을 가진 사람들마저 색안경 끼고 보게 하고 정당한 공무집행으로 공리민복을 위해 청렴하게 사는 사람들마저 의기소침하게 만드는 작금의 사태는 우리 사회에 벌써부터 만연한 총체적 난국이었다. 이제 우리는 무엇을 위해서 사는가? 삶의 진정한 의미가 무엇인가?

인간에게 영혼이 빠져나가면 무엇이 남는가? 곰곰이 생각해야 한다.

'무슨 소리 하나? 돈만 있으면 모든 게 해결된다.'

'돈을 위해 살고 삶의 의미도 재물에서 찾는다. 돈 없는 영혼도 영혼이냐?'

'돈이 모든 것의 수단 방법이라며 강변한다면 그렇게 살면 되는 것이다.'

하지만 그렇게 살다가 결국 이런 총체적 난국을 맞고 있다. 적어도 다른 사람이 분노하여 울부짖는 그런 일은 하지 말아야 할 것이 아닌가?

정치만 해도 그렇다. 예부터 정치는 백성의 눈물을 닦아주는 것이라고 했다. 그런데 그 눈물을 더 뿌리게 하는 일이 종종 벌어지고 있으니 이 또한 난국이다. 아무리 정치가 살아 움직이는 생물이라고 하지만 적어도 공익이나 인간의 기본 덕목을 망가뜨리는 움직임은 자제해야 옳다. 안빈낙도로 일생을 살아가고자 나물먹고 물마시며 살망정 결코 인간으로서 해서는 안 될 짓은 목에 칼이 들어오더라도 하지 않았던 옛 선비들의 도타운 삶의 발자취를 더듬어 볼 때다.

(11.5.20)

마유주(馬乳酒)

몽골을 여행 할 때 게르에서 몽골인이 '아이락' 이라 부르며 떠 주는 새큼한 마유주(馬乳酒)를 마시면서도 눈은 마유주 부대를 떠나지 않았다. 말가죽으로 만든 술 부대를 보면서 '새 술은 새 가죽 부대에 담아라.' 는 성경의 말씀이 생각났다. 왜 하필이면 가죽 부대인가? 옛날에는 술을 양 가죽으로 만든 부대 속에 넣었는데, 이는 교통이 불편하던 시대에, 원거리를 운반하기에 편한 까닭이었다. 항아리나 통을 사용한 것은 훨씬 후의 일이다.

초원을 이동하며 생활하는 몽골 유목민들에게 가죽 부대는 참 편리하리란 생각이 들었다. 필요할 때만 담고 그럴 필요가 없을 때는 말려서 접으면 부피도 작고 가벼우니 얼마나 편리할 것인가? 이사 갈 때 무겁고 부피가 큰 빈항아리를 끙끙거리며 옮길 때를 생각해 보면 그

답이 나온다. 더구나 까딱 잘못하여 금이 가거나 깨어지게 않으려면 여간 신경 쓰이는 게 아니다. 미국의 서부 영화에서 말을 타고 사막을 달리다가 목마르면 마시는 물도 가죽 부대에 담겨져 있다. 말 등에 물 항아리를 얹어 다닌다면 얼마나 불편할 것인가.

'새 술은 새 가죽 부대에 담아라.' 는 축약된 표현이고 원래는 신약 마테 복음 제9장 제17절에 '새 포도주를 낡은 가죽 부대에 넣지 아니 하나니 그렇게 하면 부대가 터져 포도주도 쏟아지고 부대도 버리게 됨이라 새 포도주는 새 부대에 넣어야 둘이 다 보전되느니라.' 로 되어있다. 이 성경의 가르침의 뜻은, 받아들이기에 따라서는 여러 가지로 가닥 지어진다. 새로운 사상은 새로운 표현형식이 필요하다는 것으로 내용이 다른 때는 형식도 같이 달라진다. 즉 표리부동(表裏不同)해서는 안 된다는 의미로, 문예, 예술 분야에서 많이 적용한다. 특히 문학에 있어서 새바람을 불러온다는 의미는 작가나 시인이 쓰고자 하는 모티브나 사상이 새로울 뿐 아니라, 그 표현 수단인 문장이나 구성, 스타일이 벌써 새로운 스타일로 달라지는 것을 말한다. 새로운 내용은 새로운 표현 수단을 동반할 수밖에 없음이다.

우리 인류는 이 성경의 말씀을 만고의 진리로 믿으며 수 천 년을 살아왔다. 역사의 고비마다 이 술 부대는 터지고 술은 쏟아져 나왔다. 쏟아진 술은 썩은 술도 있었고 그렇지 않은 술도 있었다. 새 술로 부대에 담겨졌다가 그 부대가 썩은 것이어서 허망하게 쏟아진 경우도 있었고 담겨지지 말았어야 할 썩은 술이 새 부대에 담겨져 그 부대마저 썩게 한 경우도 있었다.

2011년 상반기부터 시작된 모모 저축 은행의 터진 술 부대는 하반기를 맞은 후에도 계속 썩은 술을 쏟아내고 있다. 대체 은행은 무엇 하는 곳인가? 왜 우리는 은행의 썩은 술 냄새를 일 년이 다 가도록 우리 주변에서 맡아야 하는가? 자꾸 쏟아지는 그 악취를 대하면서 술의 부대가 썩은 건지 술이 썩은 건지 아니면 부대와 술이 모두 썩었을 경우를 생각해 보면서, 전혀 상식적으로는 통하지 않는 불법행위들에서 아연실색하지 않을 수 없다.

건전한 상식을 가진 사람들은 이 들 불법행위를 일삼는 기관과 사람들이 딴 세상을 사는 사람들처럼 느껴지기도 할 것이다. 상식이 통하지 않는 사람들과는 거리가 자꾸 멀어지게 마련이고 종래에는 불신풍조마저 만연되어 세상을 혼미하게 만들 것이다. 이 사건이 터졌을 때 피해를 볼 수밖에 없었던 소액투자들이 은행 문전에 몰려가 울부짖던 모습이 아직도 눈에 선하다.

'나는 새 술이고 새 부대에 담겨져 썩지 않고 여러분을 실망시키지 않겠습니다.' 는 의미의 약속을 다짐하던 자들도 그 술의 유효기간을 견디기는커녕 그 부대의 마개를 막기도 전에 썩어서 터지는 것을 많이도 보아왔다. 우리는 불안하다. 수없이 많은 종류의 술이 담긴 술 부대가 좋은 세상의 좋은 기호품을 신선하게 보존하여 우리를 즐겁게 하는 것이 아닌, 언제 어디서 터질지 모르는 우환의 대상으로 우리에게 각인 된 것은 참으로 슬픈 일이다.

몽골 말의 모태가 품어내는 기운이 담긴 마유주(馬乳酒)가 신선한 가죽 부대에 담겨졌다가 몽골 대평원 영웅들에게 세계 정복의 에너지를 제공하고 이역만리 타국에서의 고단함을 풀어주었다면, 이 작은 나라를 소란스럽게 하는 졸장부들의 술 부대와 술의 역할은 참으로 초라하고 부끄럽다.

몽골의 별빛(4)

마유주 한 잔 술에 풀물이 스며들면
창검이 우는 소리 말갈기도 일어서고
안주(安住)를 걷어 차버린 말발굽도 세차다.

칭기스칸 큰 맥박이 뛰놀았던 사연일랑
말에 올라 그냥 달려 몇 고개를 넘어보면
그 울림 크고 작을 뿐 실마리는 풀릴 걸.

마유주 가죽 부대 성경 구절 떠올릴 때
터져 넘친 술과 부대 너는 어디서 오나
대 평원 이쪽에서도 냄새 이리 고약하이.

–칼럼 '마유주(馬乳酒)' 에 따른 시조–

(11.10.2)

미(美)의 허상(虛像) 몇 가지

오래전 막내아들이 고등학교를 다닐 때, 어느 날 갑자기 땀을 뻘뻘 흘리며 운동을 하기 시작했다. 완력기, 스프링 기구, 줄넘기, 아령 등을 사용한 기구운동은 물론 맨손운동을 하는 모습이 도가 지나칠 정도다.

"왜 그렇게 갑자기 강도 높은 운동을 하는 거냐?"

물어도 대답이 없다. 재차 물으니 휴식을 취하는 시간에 말하기를

"팔다리를 가늘게 하고 아울러 몸 전체를 가늘게 하기 위해서 입니다."

근육을 키우는 것이 목적이 아닌 가늘게 하는 것이 목적이라는 말에 의아해 하며 그 이유를 물으니 그 답변이 이상야릇하다. 여자 친구가 근육형을 좋아하지 않고 밋밋하게 생긴 모습을 좋아해서란다. 요새는 모르지만 그 당시 여자 아이들이 남자를 보는 관점이 그런 쪽으로 기울어져 있다고 했다.

필자 집안의 남자들은 오래전부터 근육형의 집안이다. 할아버지가 그러셨고 아버지가 그러셨고 내가 그렇다. 내 어릴 적 아버지의 굳센 근육은 동네에서도 알아줬다. 그 근육에서 품어져 나오는 파워는 대단했다. 팔씨름은 물론 힘에 있어서 아버지를 당할 사람이 없었다. 새마을 사업으로 마을길을 넓힐 때 새마을 지도자를 하셨던 아버지께서는 우리 집 부터 그 한쪽을 잘라내어 길로 편입시키는 솔선수범을 보이셨다.

하루는 어느 허름한 초가를 밀어내는데 동네 사람들이 톱과 지렛대, 큰 해머를 들이댈 때 아버지께서는 사람들을 조용히 물리친 다음에 두 손으로 기둥을 붙잡은 다음 무서운 괴력으로 밀어내자 그 초가는 삐꺼덕 삐꺼덕 소리를 내더니 와장창 넘어갔다. 어릴 적 이러한 아버지에 대한 그 모습이 지금도 나의 뇌리에 신화처럼 남았다.

그런데 나의 아들이 여자에게 잘 보이기 위해 근육을 없애고 몸을 가늘게 만드는 일에 힘을 쏟다니 기가 막힐 일이었다. 어릴 적부터 인체의 각종 근육이 단단하고 크고 장딴지나 팔뚝이 우람함은 물론, 대흉근, 승모근, 허벅지 근육이 남자 특유의 바탕을 이루고 있어 사뭇 흐

못해했는데, 여자 친구에게 잘 보이려는 목적으로 단백질 음식을 삼가고 근육 빼는 운동을 하다니……. 단백질 음식을 안 먹고 계속 땀을 흘리면 몸이 가늘어 진다는 논리가 맞는가 안 맞는가는 차치하고 그 정신 상태가 문제였다.

조용히 타일렀다. 남자는 일단 근육에서 뿜어져 나오는 힘이 있어야 진정 남자라고. 그런 뒤로 생각을 고쳐먹은 아들은 군대에 가게 되었고 군대에서 진정한 근육질의 남자가 되어서 돌아왔다. 여성들도 문제다. 가늘게 되는 것이 소원이라며 무리한 다이어트를 하고 영양이 고갈된 상태에서 운동을 하다 보니 몸의 뼈를 형성하는 성분이 빠져나가 노인네들에게 오는 골다공증이 젊디젊은 20대에 오는 현상이 생기는 판국이다. 외국의 어느 여자 모델이 몸이 가늘어지려고 무리한 다이어트를 하다가 목숨을 잃은 일은 많은 사람들에게 큰 충격을 주기도 했다.

결혼을 하기 전에 골다공증 증상이 온다면 결혼을 했을 때 2세의 생산에 많은 문제점이 생길 것 같다. 아기에게 제공될 산모의 뼈 성분과 단백질 성분이 부족한 상태에서 아기의 근골이 제대로 자리를 잡을지, 산모의 골격이 버텨 줄지 걱정이 되기도 하려니와 골다공증 같은 게 아니더라도 근골이 고갈된 상태에서의 파리한 모습은 미(美)와는 거리가 멀어 보인다.

적절한 운동과 식이요법으로 살이 단단해지고 뼈가 강건해져 몸의 탄력이 유지되면서 날씬해지는 것은 얼마나 좋을까 마는 먹지 않고 몸을 말리는 일은 미의 허상에 너무 빠져든 잘못된 미의식이 아닐까. 아름답게 보이려는 여성들의 욕망을 어찌 막을 수 있을까 마는 그래도 이건 우리 젊은이들은 물론 부모들이 한 번 짚고 넘어가야 할 일이다.

젊은 남자들이 과도한 스트레스와 환경호르몬 등의 영향으로 정자

수가 줄어들어 불임 현상이 심각해 져 가고 있는 세상이다. 심리적으로 또는 육체적으로 점점 여성화 되어가는 현상 뒤에는 바로 이러한 미의 허상이 어두운 그림자를 드리우고 있음을 직시해야 할 것 같다. 남자는 남자다운 우람한 근육이 있어야 하고 여자는 여자다운 섬세한 근육이 있어야 건강미가 넘치는 법이다. 유행은 돌고 도는 법. 근자에는 남자들이 근육을 키우는 일에 열중하기도 한다. 특히 복근을 키워 임금 왕(王)자 새기기에 열중하는 모습들은 텔레비전이나 무대에서 관객에게 보이기 위한 극소수의 몸만들기가 아닌 대한민국 모든 남자들의 튼실한 건강관이 되었으면 하는 바람이다.

세상의 여성들이여! 남자가 남자답게 근육을 키우고 힘을 발휘할 수 있도록 배려해주고 남자들은 여성에게 날씬함을 너무 강조하지 말고 조금은 굵더라도 인간 본연의 튼튼한 체력과 2세를 키우는 모성의 텃밭을 마련할 수 있는 진정한 건강미를 찾아야 할 것이다. 국민 각자의 굳센 체력이 나라의 힘이 되고 그것이 진정한 건강미로 넘쳐날 때 지금의 미의 허상을 지우는 일이 될 것이다. '체력은 국력이다' 라는 말이 실감나는 요즘이다.

근육을 키우는 운동을 게을리 하고 영양만 과도하게 섭취한 비만은 자기 몸을 제대로 제어하지 못해 조금만 걸어도 숨이 차고 운동장 몇 바퀴에도 쓰러진다. 철봉에 매달려 보자. 자기 몸을 몇 번이나 끌어 올릴 수 있나? 앞으로 구르기를 해보자 목이 제대로 굽어지나? 이런 허약한 체질들이 몸을 가늘게 한다고 다이어트를 해보라. 어떤 현상이 생길까? 늘어진 외형은 그대로 인체 살과 기름기만 빠져나가니 풍선에 바람이 빠져나간 꼴이다. 빠져나간 그 살과 기름기 대신에 근육을 채워 넣고 그 근육 붙들어 맬 강건한 뼈를 키워야 할 때다.

내 자신 한 달 하고도 열흘 동안 토요일, 일요일은 물론 밤잠 제대로 자지 못한 향우회지 만들기에 쏟은 열정이 체력의 한계점을 몰고 왔다. 어서 빨리 일을 완수하고 그동안 운동부족과 수면부족으로 가늘어진 근골을 살려야 함을 실감한다.

(11.12.24)

인터넷과 트위터의 명암(明暗)

어느 대학 심리학과 교수는 "한국의 인터넷은 정확한 사실 확인 없이 감정적이고 자극적인 내용의 글이 급속하게 퍼지는 양상"이라며 "합리적, 논리적인 동기가 아니라 감성적인 동기로 특정한 입장의 글을 올리고, 엉터리 정보를 믿어버린다"고 했다.

실제로 지식 검색에 들어가 보면 세인의 관심사에서 지어졌거나 멀어진 사건 뿐 아니라 이미 학계와 대내외의 검증을 거쳐 역사의 한 페이지로 자리 잡은 사건들 까지 온갖 망상(妄想)과 거짓, 음해성이 담긴 자의적 해석, 이념적 편향성이 심하게 가미되어 버젓이 나돌아 다니고 있음을 보게 된다.

심지어는 의학적으로 증명되지도 않은 지식을 믿고 그대로 따라 했다가 큰 낭패를 본 사례도 많았다. 학계의 검증을 거치지 않았더라도 개인적인 연구 결과를 올리는 것은 인터넷 가상공간의 속성상 막기 어렵다. 그러나 그것을 믿고 안 믿는 것은 보는 사람의 양식과 능력에 따른 문제다, 그걸 믿고 따라 했다가 큰 피해를 보는 사례가 생기면 문제가 되는 것이다.

참 치졸하다 싶은 글에도 쌍수를 들어 환영하고 더 확장된 쪽으로 몰아가고 있는 현상도 보게 된다. 세상을 보는 각도의 차이에서 오는 개인적인 취향이나 생각은 각자 나름대로 판단할 일이겠지만 이미 검증되고 선대에서 이루어 놓은 업적들 까지 이념적으로 폄하하여 조상의 묘혈을 파는 글들에 대해서는 아연실색할 뿐이다.

의로운 일을 하면서 역사의 가시밭길을 걸어간 애국지사를 어느 특정한 한 부분만을 부각시켜 매국노로 만들어 놓는가 하면 어떤 때는 그 반대의 상황을 만들어 놓는 경우도 있다. 역사를 부정하고, 특정단체의 이기주의적이고 악의적인 거짓이 버젓이 올라와서 국가관을 흐리게 하고 오랫동안의 미풍양속을 어지럽히는 일들이 인터넷 화면을 도배질 할 때는 아예 인터넷을 끊어버리고 세상을 살아봤으면 할 때도 있지만 그래도 글로벌 시대에 꼭 필요하고 유익한 정보를 외면할 수는 없는 일이기에 그러지는 못한다.

그래도 인터넷 상에는 극단적인 황당한 글이 올라오면 최소한 반박할 수 있는 글을 달 수 있는 장치는 있다.

그러나 트위터의 소셜네트워크서비스(SNS)에 140자 이내로 올라오는 글들은 인터넷 포털 사이트의 지식 검색보다 그 확산도가 상상을 초월할 정도로 빠르고 국내의 트위터 이용자 수는 560만에 달한다고 하니 가히 그 위력을 알만하다. 그리고 일방적이다. 아무런 여과장치 없이 믿거나 말거나 정보가 쏟아져 나와도 그대로 전파된다. 그것이 진실인지 거짓인지 판명되기도 전에 여론화 되어서 모든 것이 판도가 결정된 후에야 시비가 일어나지만 이미 그때는 돌이킬 수도 없는 경우가 많다. 다른 SNS도 정도의 차이는 있겠지만 이와 같은 현상은 있을 것으로 보인다. 페이스북도 세계적으로 그 사용자가 10억 정도 된다고 하고 카카오스토리와 싸이월드 등의 활용도도 트위터 못지 않을 정도로 우리는 SNS 정보의 바다에 헤엄치고 있는 셈이다.

인터넷에 올라오는 각종 지식이나 트위터 등 각종 SNS에 올라오는 빠른 정보들은 결국 양질의 것인가 악질의 것인가는 이용하는 사람이 잘 판단해야 할 일이다. 문제는 판단력과 사회경험이 일천한 아직 미 성숙된 청소년들이 거짓을 진실로 믿는 경우가 많고, 오랜 경륜을 쌓으며 산전수전을 겪은 어른들이 볼 때는 위험천만한 일인대도 그쪽으로 몰려가는 걸 보면 이들의 앞날이 걱정되기도 한다. 과연 우리 성인들이 이들을 방치해도 되는 것인가?

더구나 이 인터넷이나 게임에 너무 심취한 청소년이 중독 상태가 되면 뇌 전두엽 발달 장애로 이해.판단력이 낮아져 지능지수가 일반 청소년보다 5점이 낮게 나오고 약물중독과 비슷하게 뇌의 신경회로 이상까지 초래한다는 연구결과들이 한국, 중국, 대만에서 2~3년 사이 잇따라 발표되었다. 부모와 학교와 국가가 다 같이 고민하고 그 해결책을 찾아야 할 대목이다.

정치, 경제, 사회, 문화, 의학지식 등의 검증되지도 않은 것들을 제멋대로 올리고 제멋대로 확대 재생산한 것이 지식이 되고 여론이 되고 문화가 되어 이 세상을 어지럽게 하고 있음에 아예 인터넷을 끊고 인터넷 없는 세상에 살고 싶을 때가 가끔 있다. 그러나 우리는 이 복잡다단하고 넓은 정보의 바다에 던져진 이상 그 바다 밑으로 가라앉지 않으려면 죽기 살기로 헤엄을 쳐야한다. 상어 떼라는 몹쓸 정보의 사나운 이빨이 득실거릴지라도 물리적으로는 이 이빨에 물어뜯기지 않을 보호망이나 특수복, 성능 좋은 작살 몇 개라도 갖추는 준비가 필요하며 정신적으로는 맑은 영혼에서 우러나오는 하늘의 뜻을 어기지 않는 정의로운 철퇴로 오히려 그 독기 어린 이빨들을 하나하나 부수어야만 한다. 그래서 우리가 안전하게 헤엄치고 항해하는 참다운 인터넷 정보의 바다를 열어 가야 만 한다.

같은 물이라도 뱀이 마시면 독이 되고 젖소가 마시면 우유가 된다. 인터넷이나 트위터 등이 선량한 사람에 의해 사용되면 정말 유용한 정보를 생산하여 만인을 이롭게 하지만 악한 자에 의해 사용되면 이 세상을 혼란하게 만드는 독소가 된다.

우리는 2007년 7월 7일에 있었던 청와대, 국회, 국방부 등 25개 사이트를 마비시켰으며 통상적인 싸이버 테러를 넘어 그 상황이 자못 심각했던 디도스(DDoS) 공격을 경험했다. 다 아는 바와 같이 디도스(DDoS)는 분산 서비스 거부라는 용어로 번역되며 악성코드나 바이러스 등의 악의적인 프로그램을 통해서 일반 사용자의 PC를 감염시켜 좀비 PC로 만든 다음 C&C 서버를 통해 DDoS 공격이 이루어진 사건이다. 다행히 그 때의 공격에는 접속 장애만 발생했을 뿐 각 기관 사이트에서 정보유출 등의 해킹은 발생되지 않은 것으로 파악되었다. 만약 정부 주요기관과 금융기관 등이 해킹되었을 경우를 생각해 보면 모골이 송연해진다.

또한 우리는 농협금융전산망이 마비되어 사회적으로 큰 혼란을 겪었던 경험이 있다. 즉, 지난 해 4월 12일 발생한 농협 전산망의 해킹사건을 수사해온 사법당국은 그 해 5월 3일 수사결과 발표를 통해, 농협 전산망 마비사태는 한국의 사회적 혼란을 노린 특정국가에 의한 사이버 테러라고 규정하였다.

이후 농협전산망이 완전 복구되기 까지는 무려 18일이나 소요되었다.

국내 사이버 인프라는 세계적 수준이다. 국내 인터넷 사용인구가 3,500만여명에 달하고(세계 9위, 인구비례로는 세계5위), 초고속인터넷 가입자율이 1,500만여 명(세계4위)을 돌파하여 대다수 국민이 이의 영향권에 있기 때문에 이런 상황에서 그 사회적 혼란은 불을 보듯 뻔한 일이 될 것이다. 금융대란은 경제생활의 근간을 뒤흔드는 일이기에 엄청난 국가적 혼란의 파장을 몰고 오기도 하지만 앞으로 이보다 더한 국방이나 국가 기간산업의 전산망에 이런 혼란이 온다면 참으로 걷잡을 수 없는 상황이 초래될 것이다.

이뿐이 아니다. 국내는 물론 중국이나 다른 외국에 본거지를 두고 인터넷을 이용한 금융사기를 일삼는 경우도 비일비재하다. 초기에 이런 사기극에 휘말려 피해를 본 사람이 속출했는데 필자 자신도 금융사기단의 휴대폰 전화를 여러 번 경험했다. 어눌한 말로 흘러나오는 안내자의 음성에 필자는 실소를 금할 수밖에 없었지만 이런 안내에 홀딱 넘어가 시키는 대로 휴대폰 번호를 누른 사람도 많았을 것이다. 이러한 사기전화도 알고 보면 모두가 인터넷을 매개체로 한 범행이다.

잘 사용하면 한없이 편리한 인터넷이지만 반면에 잘 못 사용하거나 악의적으로 사용하면 인류파멸의 극한상황이 올 수도 있음을 우리는 간과할 수 없다. 이 세상을 몇 번씩이나 파멸시킬 수 있는 핵무기를 우리 인류는 보유하고 있다는 이야기는 오랜 전부터 전해 내려오고 있다. 이 핵무기를 제어하는 장치도 역시 전산망으로 이어져 있다. 물론 안전장치야 해두었겠지만 그 안전장치 자체를 지하에서 집요하게 또 연구하는 집단이나 개인이 없다고 단정할 수 있을 것인가?

이와 같이 인터넷 정보유출과 싸이버 테러 등을 통한 불확실성의 미래에 대해 경종을 울리는 신호탄이 올려 진 건 벌써 오래전부터의 일이다. 바이러스 퇴치프로그램을 제 때에 작동하지 않는 한 속절없이 당할 수밖에 없는 현실이다. 범죄가 예방보다 항상 앞서고 있음이 문제이고 그 것이 인터넷을 통한 싸이버 테러일 때 얼마나 무서운 결과가 발생할지는 불문가지의 요즘의 상황이다.

새해 임진년 흑룡의 해에는 승천하는 흑룡의 세찬 바람이 용상운기(龍翔雲起)의 힘을 열어 이 세상의 의롭지 못하고 어지러운 티끌을 모조리 날려 보냈으면 하는 염원의 깃발을 용머리에 올려본다.

(12.1.21)

생강나무 꽃과 산수유 꽃

얼마 전 산을 오르는데 등산객 두 명이 서로 자기주장이 옳다며 논란을 벌이고 있었다. 그러다 보니 오르내리던 등산객들이 논란을 벌이고 있는 두 사람 주변으로 모여들기 시작했고 두 사람은 더 열을 올려 이제는 삿대질 까지 해가면 목소리도 더 커지고 높아져 있었다.

사연인즉 봄을 맞아 노랗게 피어난 꽃을 한쪽에서는 산수유 꽃이라고 하고 다른 한쪽에서는 생강나무 꽃이라 하여 서로의 주장을 굽히지 않고 있었기 때문이다. 어떤 오십대 쯤 되는 여자 분이 산수유 꽃을 지지하며 편을 들었다.

"보세요! 생강이 어디 이런 깊은 산에서 납니까? 산에서 피는 산수유 꽃도 모르세요?"

산수유 꽃이라고 주장하던 사람은 자기편이 생겨서 신이 났고 생강나무라고 주장하던 사람은 의기소침해졌다. 그러나 내가보기엔 그 꽃은 생강나무 꽃이 분명했다.

주변에 몰려 있던 사람들도 산수유 꽃이라고 말하며 그 쪽으로 기울어지자 생강꽃이라고 주장 하던 사람은 어쩔 수 없다며 손사래를 치며 하산하려고 했다. 옳은 주장을 펼친 사람이 다수의 횡포에 당하는 형세라 마음이 편칠 못했다. 필자는 불쑥 큰 소리를 말했다.

"이 꽃은… 이 꽃은 생강나무 꽃입니다!"

모두가 나를 쳐다보는데 나는 무언가 해명을 해야 했다. 흔히 두 꽃이 많이 닮아 있어 많은 사람들이 혼란을 가져오는데 산수유는 그 열매를 취하기 위해 사람들이 많이 가꾸고 있어 인가 주변에 많이 있고 생강나무는 사람들이 가꾸지 않기에 산중에 자생하고 있는 것이 우선 다르고 꽃도 자세히 보면 그 모양이 다른데 산수유는 꽃자루가 좀 긴 편이어서 꽃들이 좀 떨어져 있으며 생강나무는 꽃자루가 좀 짧아 촘촘하게 보인다고 했다. 그리고 결정적인 증거를 제시했다.

"여러분 중에 생강냄새를 모르시는 분은 안계실겁니다. 이 나무의 피부를 좀 긁어 냄새를 맡아보세요. 분명 생강냄새가 날 겁니다. 이 것 때문에 생강나무라는 이름이 붙은 나무입니다."

반신반의 하던 사람들은 나무의 냄새를 맡아보고는 신기한 듯 서로를 바라보며 고개를 끄덕인다. 우리는 진실이 허위에 가려 빛을 못 보고 다수의 힘으로 밀어 붙이는 거짓에 동조하여 허송세월을 한 역사적인 경우를 많이 보았다. 그 날 어떤 사람이 생강나무를 산수유라고 하니 대개의 사람들은 그의 주장을 믿었다. 단지 생강이 깊은 산에서 나지 않는다는 나름대로의 지식들만 가지고 있었고 그 생강냄새가 다른 나무 이름을 짓게 한 연유는 모르고 있었기 때문이었다. 하나만 알고 둘과 셋을 모르는 것은 어쩌면 큰 불행이다. 하기야 생강나무를 평생 동안 산수유나무로 알고 생을 마감했다고 해서 누가 뭐라고 하지는 않겠지만 사안에 따라서는 아주 중요한 것 즉, 생의 참다운 의미 같은 것을 모르고 저 세상으로 간 산 사람은 이 세상에 태어나 얼마나 억울할 것인가?

그 날 생강나무 꽃을 주장하시던 분은 필자와 같이 하산하여 산 초입의 포장마차에서 막걸리 한 잔을 나누며 산 이야기와 야생화 이야기를 이어갔는데 그 때 그 분이 어느 유명한 대학의 식물학자란 것을 알게 되었다.

"명색이 식물학자라는 내가 설명이 부족했어요. 왜 생강나무 냄새를 말하지 않았을까요. 허허허. 선생이 진정 식물학자입니다."

(12.4.8)

아파트에 내걸린 이 시대의 격문

만추의 천자만홍이 마지막 물감을 산하에 채색할 즈음인 10월 27일, 부산에서 전국초등동창회가 개최되는 날이다. 일 년 만에 다시 모이는 남해와 부산 그리고 수도권 죽마고우들과의 만남이 이루어진 것은 벌써 12번째다. 어제 대형 마트에서 총무이사와 구입해서 포장해 둔 각종 물품을 싣기 위해 총무 이사가 기거하는 어느 아파트 앞에서 부산으로 내려갈 전세버스를 기다리고 있을 때 참 기발한 구호를 아파트 정문 앞에서 목격하게 되었다.

각 구절들은 사람의 입으로 많이 회자되는 바이지만 이러한 구절들을 한데 묶어 아파트 앞에 내 걸 수 있다는 이 아파트 입주자 대표회의의 혜안에 박수를 보내고 싶어진다. 많이 들어본 말들인데도 이 아파트 앞에 주민들의 슬로건으로 내건 아이디어와 기백 앞에 절로 힘이 솟는다. 이런 슬로건을 내건 이면에는 반드시 그 구체적인 실천 방안이 있을 터, 그것이 어떤 프로그램인가 궁금해진다.

이 아파트에 살고 있는 동창회 총무 이사는 보통 인재가 아니다. 사서오경을 항상 머리맡에 두고 있는데다 동서양의 철학서와 역사책을 모조리 읽어 모르는 것이 없을 정도였고 그의 올곧은 삶의 에너지는 친구들에게 팍팍 전이될 정도다. 문학이면 문학, 정치면 정치, 풀뿌리 민초들의 흔들림까지 그는 정확히 미리 분석하여 꿰뚫고 있었던 것이었다. 언젠가는 정변의 역사를 미리 예견하여 우리들에게 살짝 들려준 일이 있는데 벌써 굵직굵직한 현대사들이 딱딱 들어맞고 있다는 사실이다.

최근 일국의 국회의원이라는 자가 막말을 일삼고 많은 사람들을 어안이 벙벙하게 만드는 천박한 언행들이 보도되었다. 젖비린내의 옹알이로 돌려버리기에는 미래가 걱정되어 마음이 편치 않다. 인간됨이 벌써 틀어졌는데 거기에서 나오는 정책이 무엇이겠으며 그 철부지가 펼치는 일들은 마냥 불앞에 아이 앉혀놓은 형상일테니 두고두고 우환일 것이 명백하다. 이 시대에 걸 맞는 현자의 출현이 기다려진다.

60을 훌쩍 넘은 경륜에다 평소 역사와 철학서를 많이 읽고 민초들의 흐름을 정확히 꿰뚫어 미래상을 우리들에게 들려주고 그 것이 한치의 오차도 없이 딱딱 들어맞아 우리들을 놀라게 했던 이 친구는 요즘의 혼탁한 이 현상들을 어떻게 설명 해 줄 것인가 궁금해진다. 필자와는 전혀 다른 생각을 하고 있을지도 모른다. 이 친구는 동서고금의 역사서와 철학서를 통독하고 동서양의 윤리강령을 터득한 경륜을 바탕으로 적어도 막말을 해대는 그런 위인은 아니니 만나보면 뭔가 시원한 해법을 들려주리라 기대된다. 옛날에도 세상을 어지럽히는 현상들을 쾌도난마로 잘라내는 비법을 그는 우리들에게 공개했다. 그리고 그 일들이 기가 막히게도 적중하는 것을 우리는 목격했기 때문이다.

아파트에서 내건 슬로건은 아늑함, 행복감, 좋은 아파트에 사는 우월감 등을 느낄 수 있는 달콤한 문구로 지어지는 것이 보통이다. 하지만 친구가 살고 있는 아파트의 슬로건은 벌써 그 기맥이 다르다. 요식행위가 아닌 실천을 위한 결집된 에너지의 표현이 보통을 뛰어넘는다. 필자가 비범한 인재라고 격찬하고 있는 이 총무이사 죽마고우는 혹시 이 아파트에서 남다른 삶을 개척해 온 것은 아닐까?

가을비가 제법 기세 좋게 퍼붓는 가운데 푸른 솔 몇 그루 밑에 서 있는 이 진기한 격문이 적힌 팻말을 보며 한 발 한 발 이 격문 앞으로 닥아 서는 필자에게 퍼붓는 비는 오히려 더 큰 에너지의 분출을 예고하고 있었다.

'각오 없이 들어오지 말고 배움 없이 나가지 말라!
모르면 알 때까지'

큰 문자로 쓰인 그 내용이 사뭇 전투적이고 위압적이다. 하지만 좀 작게 기록된 다음 글귀들을 보며 점차로 빙그레 웃음이 나며 이 아파트 주민들의 기개 넘치는 슬로건이 이 시대 줏대 없이 방황하는 군상들을 회초리질 하고 있음을 본다. '

'10대 청년으로 살까? 30대 노인으로 살까?"

'70대가 청년처럼 뛰는 열정 세상인데…….'

'쯧쯧! 가장들이, 젊은이가 축 쳐져서야…….'

'남자, 열정 인생엔 나이는 없다.'

'밤낮없이 뛰는 열정인생엔 나이는 숫자에 불과하다!'

'나이는 묻지 마라, 남자는 건강, 체력, 자신감으로 말한다.'

그런데 두 문구는 남자를 이 열정행위의 주체로 떠올리고 있다. 그러나 결코 남자들이 잘 하고 있다는 표현이 아닐 수도 있다. 즉 오죽 남자가 열정 인생을 살지 못하기에 이런 문구가 걸리게 되었는가 하는 마음을 지울 수 없고. 남자가 오죽 건강. 체력, 자신감이 없는 세상이기에 이런 문구로 남자들에게 힘을 실어주려는가 하는 걱정도 해본다.

이 세상 어느 곳에도 남자의 파워가 느껴지는 곳이 별로 없다. 스포츠에서 보여주는 남자의 근육을 말함이 아니다. 뇌를 지탱하고 있는 정신 줄이 이미 많이 가늘어진 남자들에겐 30대에 벌써 70대의 조로 현상이 오니 열정이 있을 수 없고, 남자로서의 기상이 없으니 모든 면에 처질 수밖에 없다. 최근 들어 젊은이들이 정자의 수가 줄어들어 불임의 신세가 되는 경우가 점점 늘어나고 있다니 이건 또 무슨 변고인가?

게다가 국가와 민족을 위해 2 년 동안 국방의 의무를 수행한 남자들에게 주던 가산점마저 빼앗아 간 한국의 지금 현실이다. 여자들은 남자들이 병역의 의무를 다 하며 땀 뻘뻘 흘리고 있을 때 공부는 물론 사회진출을 앞서버리니 남자가 따라갈 도리가 없다. 최근 각계의 두드러진 여성의 진출은 고무적이라기보다는 많은 시사점을 던져준다.

평등의 미명아래 불평등이 판을 치는데도 여성들의 표를 의식한 선량들이 이런 사실을 모르쇠로 일관함은 참으로 불행한 일들을 자초할 수도 있다. 아니 이미 그 불행이 시작된 것은 아닐까?

(12.10.30)

정글이면 모를까

아파트 앞의 공원에 등나무 줄기가 무궁화나무를 칭칭 휘감아 올라 옥죄이고 있는데다가 등나무 줄기의 무게에 눌려 거의 90도로 꺾여 있는 모양이 보기가 민망스러워 좀 정리를 해볼 요량으로 8월 29일 아파트 관리사무소에 전화를 넣었더니 현장에 곧 나가보겠다고 했다. 하지만 8월 31일이 되어도 아무 소식이 없어 다시 전화를 넣으니 필자에게 현장에 좀 나와 달라고 했다. 이때까지 나와 보지 않고 두 번째 전화가 가니 움직이기 시작한 것이다. 현장에 와본 관리자는 A단지 관리사무소 구역이 아니고 B단지 관리구역이라 하며 발을 뺀다. 다시 B단지 관리사무소에 가니 관리원이 순찰 중으로 휴대폰 번호만 걸려있기에 그 번호로 전화를 하니 그 구역은 공원으로 행정관서에서 관리한다고 했다. 일단 최 말단 행정관서에 먼저 알린다는 뜻으로 연락을 했더니 담당자가 곧 나와서 확인하겠다고 했다.

그런데 확인하겠다고 했으면 무슨 변화가 있어야하는데 시정되지도 않고 그렇다고 연락도 오지 않은 채 또 일주일이 흘러갔다. 다시 9월 5일 말단 행정관서에 알아본 결과 거기에서는 상부 담당공무원에게 연락을 취했는데 아직 시정되지 않았느냐고 오히려 반문을 하면서 다시 상부기관에 전화하겠는데 그래도 소식이 없으면 필자가 직접 담당자에게 연락을 주라고했다. 이쯤 되니 슬며시 자존심도 상하고 다시 전화하기도 번거롭고 해서 내손으로 직접 이 등나무를 잘라내어 버리려고 톱과 낫을 준비하다가 언뜻 머리를 스치는 게 있었다. 사유재산도 아닌 엄연히 관할 관청이 있는 공원인데 임의로 처리했다가 문제가 생길 소지가 있겠다는 생각이 든 것이다.

어차피 관할 관청의 담당자도 알고 있는 사항이니 좀 더 기다려 보기로 했다. 그리고 일 년의 절반 정도를 고향과 이곳과 서울을 오르내리며 생활하는 바람에 이 무궁화와 등나무에 얽힌 이야기는 거의 잊혀졌다. 고향에 가서 산소에 벌초도 하고 성묘도 하면서 논과 밭도 돌아보고 벼 타작과 갈무리를 도와주며 마늘 심기를 마치고 동네 어르신 찾아뵈오며 선후배님과 몇 날을 어울리다보니 어느새 10월도 중순을 넘고 있었다. 다시 서울로 와서 자식들 사는 것 살펴보고 퇴직 후 칩거하고 있는 아파트로 돌아오다가 공원을 지나면서 문제의 등나무 휘감긴 무궁화나무를 또 보게 되었다.

이제 슬며시 부아가 치민다. 공원을 조성하면서 무궁화동산을 넣은 것은 분명히 나라꽃에 대한 상징성이 있었을 텐데 무궁화를 감아 올라가라고 같이 심은 것은 아닐 테고 그런 상징성이 없다고 치더라도 이 두 나무를 같이 심는다는 것은 조경학적으로도 어울리지 않는다. 그렇다면 어디서 등나무 종자가 날아왔거나 어느 철없는 사람이 한 짓일 텐데 이렇게 등나무가 무궁화나무를 칭칭 감아 올라 무궁화 본래의 상징성이 유린되고 있는데도 공원을 관리하는 측에서는 관심도 보이지 않고 있고 그러한 문제를 지적을 해주어도 이렇게 시정되지 않음은 나라꽃에 대한 의식의 부재인 듯하다. 등나무의 상태로 보아 5년은 더 넘은 듯해 보여 그러한 생각이 더 깊어진다.

고향에서 가을일을 마치고 이곳으로 올라와 첫 대면이 기분 좋은 장면은 아니지만 마음을 가다듬고 마지막으로 또 전화를 해본다. 다시 강조한다. 무궁화 칭칭 감고 올라가는 등나무 잘라내어 옆으로 넘어진 무궁화나무를 일으키고 햇빛 좀 받게 해 나라꽃 상징성을 좀 살려보자고……. 10월 17일 아침의 일이다. 담당자의 말로는 현장 확인하고 곧 처리하겠다고 했다. 하지만 가을 철 공원관리 계획을 들먹

이는 걸 보니 그 때 처리하겠다는 뉘앙스를 풍긴다.

등나무에 휘감기고 그 무게에 눌려 쇠약해진 무궁화가 여름을 근근이 넘기고 등나무와 다른 초목들의 잎이 아직도 시퍼럴 때 벌써 누렇게 잎을 떨어뜨리는 것을 보고 당장 등나무를 베어버리려고 했다가 여러 가지 문제를 예상하여 지금까지 참고 있다. 가을 철 공원관리를 기다려본다. 그리고 그 처리방법을 지켜보기로 한다. 이미 5년 넘게 무궁화나무를 감아 오른 걸 봐서 줄기만 잘라낸다고 해결될 문제가 아니다.

이 아파트에 필자가 3년만 더 일찍 이사 왔더라도 등나무가 이렇게 뿌리 내리고 무궁화나무를 감아 오르게 두지 않았을 것이다. 뿌리가 내리기 전에 초기에 뽑아버렸을 것이다. 이제 무궁화 뿌리까지 얽어매고 있을 등나무 뿌리의 처리가 병행되지 않고는 이 일이 마무리 되었다고는 볼 수 없다. 뿌리가 살아 있는 한 내년 봄에는 그 끈질긴 등나무의 생명력은 굵어진 뿌리의 힘으로 싹을 밀어 올려 순식간에 또 무궁화 줄기를 휘감아버릴 것이기 때문이다.

관리부서에서 등나무 줄기만 처리해주면 무궁화는 살리면서 등나무 뿌리를 제거하는 방법은 쉽다. 약품을 써서 선별적으로 처리하는 방법을 관리원에게 제시해주고 그 것이 시행되지 않으면 그 때는 필자가 처리할 것이다.

기다려 본다. 하지만 마음이 편치 않음은 여전하다. 담당자에게 지난 번 전화통화에서 분명히 말했다. 등나무 줄기를 잘라내고 무궁화를 살리자고……. 과연 가을철 공원관리 때에 이 일이 해결될 것인가? 해결된다면 어느 수준일까? 가장 최악의 수준은 무궁화를 칭칭 감아 오른 등나무의 용틀임을 분리하기가 귀찮으니 개념 없이 등나무와 무궁화를 같이 베어버렸을 경우이다. 제일 쉬운 방법이긴 하지만 이건

이 문제를 해결하는 본질을 벗어나는 가장 최악의 방법이다. 빈대 잡는다고 초가삼간을 태우는 격이다. 적어도 공원의 무궁화동산에 나라꽃의 상징성을 부여하여 심었다면 말이다.

두고 볼 것이다. 이 문제가 어떻게 해결될 것인지를.

(12.11.12)

3부
탄피 한 개

6월이 오면

누가 4월을 잔인한 달이라고 했는가.
우리 민족에게는 잔인하기도 하지만 애틋하고 슬픈 6월이 있다.

'겨레와 나라위해 목숨을 바치니 / 그 정성 영원히 조국을 지키네.
조국의 산하여 용사를 잠재우소서. / 충혼은 영원히 겨레가슴에
님 들은 불멸하는 민족혼의 상징 / 아! 아! 그 정성 새로워라'

현충일 노래의 노랫말을 생각하면 그 애틋함이 6월의 하늘을 눈물지게 한다.

'아! 아! 잊으랴. 어찌 우리 이 날을
조국을 원수들이 짓밟아 오던 날을
맨주먹 붉은 피로 원수를 막아내어
발을 굴러 땅을 치며 의분에 뜬 날을
이제야 갚으리 그날의 원수를
쫓기는 적의 무리 쫓고 또 쫓아
원수의 하나까지 쳐서 무찔러
이제야 빛 내리 이 나라 이 겨레.'

이 노래는 민족상잔의 아픔을 그대로 전해준다. 박두진 작사, 김동진 작곡의 '6.25의 노래' 1절 전문이다. 6.25라는 동족상잔의 피비린내 나는 전쟁이 얼마나 처절무비 했고 비극적이었는가를 잘 말해주는 '6.25의 노래' 이기도 하지만 그 당시 평화를 사랑하는 사람들의 오열이 흠뻑 젖어 있고 침략자들을 응징하자는 결의에 찬 노래다. 힘없는 자유와 평화가 얼마나 그 반대 세력에 유린될 수 있는가하는 교훈을 주는 노래이기도 하다.

그 잔인했던 6월의 역사는 아직도 현재진행형이다. 천안함을 생각하고 연평도 포격을 생각할 때마다 지지리도 못난 한 반도의 서글픈 눈물을 생각한다. 아직도 그 비극의 역사 끝나지 않았는데 이제는 아예 저쪽 편을 들고 나오는 무리들이 창궐하니 호국영령들을 뵙기가 심히 민망하기 까지 하다.

지리멸렬된 역사관도 슬픈 일이거니와 어느 것이 애국인지 어느 것이 매국인지도 헷갈리는 논공행상의 이중 잣대는 이제 그 기준점이 갈피를 못 잡는다. 그 행색이 옷으로 치면 잡다한 귀신들과 무당이 어울려 춤추며 굿거리 하는 무당 옷이거나, 각설이 타령에서의 너덜너

덜한 누더기 옷에 가깝다면 좀 심한 표현인가? 적어도 이 6월 한 달이라도 호국보훈의 정신을 되새기면서 평화를 갈구하며 선하게 살아왔던 민족의 정기를 바로 세우고 그것이 민족혼을 이어가는 기준점이 되었으면 하는 바람이다.

애틋하고 잔인하고 슬픈 달을 맞는 우리는 다시는 비극을 되풀이하지 않을 힘과 정신력을 키워나가야 할 터인데도 어쩐지 이상하게 돌아가는 작금의 기류 앞에서 호국선열들의 꾸짖음과 부르짖음이 6월의 슬픈 하늘아래 어리어 있음을 간과할 수 없다.

(11.6.4)

탄피 한 개

별로 높지 않은 465m의 불곡산을 오르면서 일행은 아름다운 단풍과 산세의 아름다움을 찬탄한다. 오랜 우정으로 같은 길을 걷고 있는 문우 한 분이 산을 추천해 달라기에 스스럼없이 이 산을 택하고 오랜만에 대자연의 호연지기에 동참하기로 했다. 험준한 암릉과 경사진 곳이 많아 산행의 재미를 만끽할 수 있는 이 산은 불국산(佛國山)이라고도 부른다. 또한 양주시 유양동과 백석읍의 경계를 이루고 있는 이 산을 대동여지도에서는 '양주의 진산' 이라고 표기하고 있다.

수도권에 있으면서 잘 알려지지 않은 이 산은 정상 부분의 빼어난 바위 군락과 그 바위의 노송군락이 백미다. 산 중턱에는 신라 때인 898년(효공왕 2)에 도선국사가 창건하였다는 백화암이 있다. 창건 당시에는 불곡사(佛谷寺)라고 불렀다고 한다. 절 앞마당에는 수백 년 된 느티나무가 있어 사찰의 역사를 실감나게 한다.

8부 능선부터는 수 백 년을 묵은 노송들이 암릉에 뿌리를 박고 각기 독야청청 이 산을 휘어 감고 있다. 용틀임 하는 노송의 뿌리와 줄기가 또 다른 청정함과 경이로움을 느끼게 하는 이 산은 상봉까지 올랐다가 내려오는 비교적 단순한 코스가 있지만 이 날은 상봉에 올랐다가 임꺽정 봉을 넘고 대교아파트로 종주하는 4시간 정도의 코스를 택했다.

국방부 유해 발굴 감식단의 제복을 입은 군인들이 보이기 시작했다. 젊은 군인들이 곳곳에 몇 명씩 모여 조심스레 움직이며 발굴 작업을 하고 있는 모습은 진지하고 엄숙하기까지 했다. 좌우 주변의 등산객들이 손자, 혹은 아들의 나이만한 젊은 군인들에게 격려의 말을 조심스레 보내준다.

"수고들 하시네. 유해를 많이 찾아내어 잘 모시도록 하시게"

작업 중인 군인들은 잠깐 눈인사만 할 뿐 흐트러지지 않은 자세로 조심스레 붉은 흙을 손 삽으로 걷어내고 있었다. 이마에 땀방울이 송글송글 맺혀있는 홍안들이 대견스럽기도 했다. 앞서간 충혼들이 이 모습을 보고 '나 여기 있다네!' 하고 큰 소리로 불러 줄 수 있다면 얼마나 좋으련만 말없는 유해는 기나긴 세월 속에 사위어 갈 뿐이다.

그러나 국가적 숭고한 호국보훈사업으로 나라를 위해 희생된 분들은 국가가 끝까지 책임진다는 국가무한 책임의지는 아직도 조국의 품으로 돌아오지 못한 13만 여위의 외로운 영혼을 달래는 일에 박차를 가하고 있다. 최근에 호국보훈에 대한 잘 못된 사례들이 보도되면서 뜻있는 많은 국민들이 노했다. 그리고 올바르게 바로잡으라는 국민적 요구가 빗발쳤다. 전상자에 대한 예우를 이 기회에 바로 잡아야 마땅

함을 공감하면서 암릉길을 타고 가다가 바위 밑 험난한 지형에서 유해 발굴 작업을 하고 있는 한 무리의 군인을 또 만났다.

무언가 발견한 듯 상기된 얼굴들에 심호흡을 가다듬는 젊은 군인들의 긴장된 모습을 본다. 어떤 분이 그 발굴 현장을 향에 거수경례를 올린다. 필자도 조용히 눈을 감고 묵념을 올린다. 그리고 젊은 군인이 행여나 다칠세라 조심조심 파내는 녹 슬은 쇠붙이를 본다. 군인에게 조용히 물어본다.

"유품인가?"

"네, 유품이라고도 할 수 있는 탄피 한 개가 지금 발굴되어 감식하고 있는 중입니다. 군번줄의 흔적도 보입니다."

그리고 계속 그 주변의 흙을 조심스레 긁어내고 있는 아들 나이 또래보다 훨씬 어린 군인들에게 한 마디 해주고 싶은데 혹시 방해가 될까봐 약간 생각을 가다듬은 다음에 한 마디 해준다.

"부디 좋은 성과를 거두어 자네들의 그 뜨거운 젊은 가슴으로 외로운 영혼을 맞이하여 조국의 품으로 모셔오도록 하시게"

주변의 붉은 흙과는 색깔이 사뭇 다른 모습에서 유골의 흔적을 본다. 호국의 영령이 된 충혼의 흔적이라면 수많은 세월 속에 많이도 울었을 것이다. 조국을 생각하며 전우를 생각하며 또 꿈에라도 잊지 못할 혈족을 생각하며 이 높은 산정에서 얼마나 외로웠을 것인가. 다시 마음을 가다듬고 상봉으로 오른다.

건너편 임꺽정 봉을 오르는 암벽은 거칠고도 험난했다. 난공불락의 성처럼 생겼고 그 높이도 높았다. 자일이 아니면 오르지 못할 바위를 곳곳에 쇠말뚝을 박아 난간을 만들고 줄을 걸어 놓았기에 올라가지만 뭔가 아쉽다. 산이 아니라 운동기구를 타는 기분이다. 그냥 올려다 볼 수 있도록 하고 우회로를 타면서 아름답고 매끈하고 푸른 이끼 자욱한 저 잘 생긴 바위 군락들을 잘 보호 해줬으면 더욱 좋으리란 생각이 뇌리를 스친다. 곳곳이 만들어 놓은 계단도 문제다. 그냥 사람이 갈 수 있고 오를 수 있는 곳에 만족하면 좋으련만 이렇게도 볼썽사납게 바위에 쇠말뚝을 촘촘히 박고 계단을 걸쳐 놓은 모습을 보며 과유불급의 현장에 와 있는 기분을 어쩔 수 없다. 사람의 생각은 다 다른 법이니 이러한 필자의 생각이 꼭 옳다고는 할 수 없겠지만 적어도 자연을 훼손하지 말아야 할 기본 원칙을 적용해 본다면 이것은 분명 잘못된 것이다.

산은 산으로 존재해야 산으로의 가치가 있다. 이미 온갖 시설로 치장을 해버린 산은 이제 가기가 싫어진다. 계단을 많이 만들어 놓은 곳은 산을 사랑하는 사람이라면 거의가 혐오한다. 일부러 다른 길로 돌아간다. 하늘로 향해있는 까마득한 계단은 사람을 질리게도 한다. 벌써 자연의 섭리를 벗어났음이다. 상봉을 올랐다가 도봉산과 북한산을 배경으로 한 기념사진 몇 장을 찍고 하산하기 전 다시 건너편 봉우리 쪽을 바라본다. 제복 입은 군인들의 유해 발굴 작업이 한창이다. 탄피 한 개가 길잡이가 되어 외로운 영혼이 조국의 품에 돌아오기를 조용히 염원해 보면서 하산을 서두른다.

(11.11.27)

흘승골성의 눈보라치는 사연

지금 한반도의 주변 국가들은 역사를 왜곡, 또는 기만을 일삼으면서 영토 넓히는 일에 혈안이 되어있다. 독도와 이어도가 그렇고 동해냐? 일본해냐? 그 지명을 두고 양국 간의 신경전이 날카롭다. 어디 그뿐인가? 중국은 중국 국경 안에서 전개된 모든 역사를 중국의 역사로 만들기 위해 2002년부터 이른 바 동북공정 사업을 추진하면서 자국의 이익을 위해 역사를 심하게 왜곡하여 우리 역사의 뿌리를 송두리째 훼손하고 있다.

그러나 우리의 형편은 말씀이 아니다. 똘똘 뭉쳐도 힘든 상대들에게 내분의 조짐마저 적나라하게 보여주면서 바지춤이 내려가는 줄도 모르고 삿대질만 해대는 형국이다. 그 왜곡의 역사를 바로잡기는커녕 어느 구석에서는 자국의 정통 역사마저 부정하는 무리들이 생겨났음은 심히 우려할 상황까지 왔다. 정신 차리지 않으면 어느 날 갑자기 나라의 운명이 참으로 불쌍한 처지로 전락할 수도 있다. 고금의 역사에서 국가의 흥망사를 들여다보면 거의 외침보다 자중지란으로 인해 송두리째 나라를 거들내고 급기야는 타국에 가져다 바치는 일이 비일비재했다.

흘승골성(紇升骨城)을 닮은 돌이 하나 있다. 테이블 모양의 이 돌을 들여다보면 항상 고구려의 웅혼한 눈보라가 몰아쳐 오고 대륙의 모래바람이 눈을 아리게 하는 환상에 젖어든다. 이 흘승골성(紇升骨城)은 고구려의 첫도읍지인 졸본(지금의 환인)에 있는 산성이다. 고려의 문인 이규보의 〈동명왕편〉에도 나타나는 것으로 원 이름은 흘성골성이었는데 지금은 중국식 이름으로 오녀산성(五女山城)이라고 불리고 있다.

고구려 그 웅혼한 역사를 떠올려 본다. 설원을 휘달리며 말갈기 휘날리던 마상의 주인공이 내뿜는 그 기상을 조금이라도 받은 후대라면, 평원에 떠도는 발해의 영광을 조금이라도 읽은 후대라면 지금 겪고 있는 국내외 환란을 결코 마음 편하게 대하지는 못하리라. 떠올려 본 돌 하나에 대륙평원의 웅혼함이 묻어나오니 필자는 이 돌을 진작부터 '흘승골성(紇升骨城)' 으로 명명했다. 남과 북의 끝없는 평행선은 멀기만 하고 경제적, 군사적 대국이라 일컫는 주변국들의 야심은 그 옛날 못지않으니 모두들 정신 차려야 할 때이다. 옛 고구려의 웅혼한 기상을 떠올려보며 '흘승골성(紇升骨城)' 이라 이름 하는 이 돌을 다시 한 번 불러낸다. 주변국가의 동북공정설이 한창일 때 나는 이 돌을 '흘승골성(紇升骨城)' 이라 명명하고 다음과 같은 시를 지어 자탄했다.

어디서 날려 오는 눈발인가

대평원 휘저으며 바람 주먹 불끈 쥐며
숨 가쁘게 달려오는 하얀 영혼 푸른 아미
휘날림 요동 벌 소식 편린처럼 시리다.

설원을 떠다니며 송화강 전설 운다
북소리 철갑소리 육혈포도 우지지고
남으로 내지르는 창날 몇몇이나 속내 알까.

노는 마당 좁은 터에 생각들도 고만고만
도토리 키 재기를 덮어버린 눈발 아래
올곧은 씨알 하나쯤 건져 낼 수 있을까.

-필자의 제2시집 《남녘 바람 불거든》 중에서-

(12. 5. 28)

6월 산중 산나리 꽃 붉게 타니…

6월이 저물어 간다. 현충일이 지났고 이제 6 · 25사변일도 다가 왔다. 필자는 이 6월에 어느 격전지 산맥을 일정구간 맨발로 오른다. 맨발 산행은 여러 가지 의미가 있지만 이 격전지 일정구간을 등산화를 벗고 맨발로 걷는 의미는 이 산 어딘가에 묻혀 있을 6 · 25전사자들께 송구스러운 마음과 경외심을 표하기 위함이다.

처음에는 발바닥에 가시가 박히거나 뾰족한 나뭇가지나 날카로운 돌멩이에 살갗이 찢길 때도 있었지만 지금은 산을 올라보면 등산화를 신을 때나 신지 않을 때나 큰 차이가 없다. 필자가 모르는 사이에 발바닥 가죽이 두꺼워지고 단단해졌기 때문이다. 처음엔 통고(痛苦) 체험과 건강증진의 수단으로 맨발로 시작한 것이 이제 별 효과가 없어져버렸다. 그렇지만 맨발로 충혼의 지기를 느끼며 경건한 마음으로 한 구의 유해라도 빨리 조국의 품안으로 돌아오라고 기원 드리는 것을 잊지 않는다.

13만 여위 호국전사들의 유해 중 7,564구만 조국의 품안에 돌아왔을 뿐 아직도 많은 전사자들의 유해가 이름 모를 어느 산하에서 사위어 가고 있다. 얼마 전 까지만 해도 이 산맥 곳곳에 하얀 줄을 치고 유해 발굴 작업을 하던 곳이다. 너무나 늦게 시작한 이 전사자 유해발굴은 기나긴 세월 속에 그 한계가 있을 수밖에 없다. 살아있는 자들의 책임이다. 진정 위로해야할 충혼들의 넋은 외면한 채 극단적인 이념의 논쟁에 휘말린 사건이나 민주화 과정에 일어난 몇몇 사건들의 피해자 보상에만 열기어린 집념을 보였던 몇 십 년의 세월에 호국전사자들의 유해는 세월 따라 그 흔적이 많이도 사라져 갔다.

오늘 이 산맥을 오르면서 붉게 타는 정열의 꽃을 본다. 산나리 꽃이다.

필자는 이 6월의 꽃, 산나리 꽃대가 휘어지는 법 없이 똑바로 서서 푸른 하늘을 온 몸으로 받히고 있는 이 모습에서 진정한 조국의 충혼을 읽는다. 60여 년 전의 6 · 25사변은 우리 민족의 대 참변이었다. 아비규환의 초토화된 멸망직전의 신생 자유민주주의 대한민국은 호국영령들의 숭고한 희생과 우방국의 도움으로 기사회생했고 그 전쟁의 잿더미 속에서 아시아 최빈국의 어두운 그림자는 50년대를 뒤덮었다. 먹을 것이 제대로 없어 누렇게 부황에 뜬 사람들은 익지도 않은 풋보리를 베어 먹으며 산야의 풀뿌리 나무껍질로 연명해야했다. 오죽했으면 춘궁기나 보릿고개라는 말이 생겨났겠는가. 필자도 그 시대를 경험했기에 감히 이런 글을 써 보는 것이다.

그 당시 우리나라는 아시아에서 최빈국을 벗어나지 못하고 찢어지는 가난에 허덕이고 있었다. 필립핀이나 북한보다도 살기가 어려웠다. 이 가난한 나라에 돈을 빌려주려는 나라도 없을 정도였으니 정말 적막강산 그대로였다. 그러나 어떻게 해서라도 먹는 것부터 절실한 절체절명의 상황은 벗어나야 했다. 1962년 10월 한국이 서독으로부터 들여온 1억 5,000마르크의 차관은 1963년부터 1977년까지 79,000여명의 광부와 만 여명의 간호사들의 파송과 그들의 급여를 담보로 들여온 것이었다. 광부들은 엄청난 지열을 내품는 1,000미터 지하막장에서 석탄을 캐고 어린 간호사들은 병원시설에서 어떠한 어려운 일도 열심히 했고 수입이 많이 오르는 야근까지 해냈으며 번 돈은 거의 고국의 부모님께 보냈다. 서독 정부와 국민은 우리 광부와 간호사들의 성실한 근무에 큰 신뢰를 가졌고 이를 담보로 빌려온 차관은 1982년까지 5억 9,000만 마르크에 달했다. 그들이야 말로 바로 오늘의 한국이 있게 한 조국근대화의 밑거름 역할을 한 사람들이었다.

어찌 그뿐이랴! 1964년 9월 이동외과병원 병력 130명과 태권도 교관 10명의 파견으로 시작된 월남 파병은 자유우방을 도와주는 평화군의 역할을 해내면서 외화를 벌여 들여 한국의 경제 발전에 크게 이바지 하는 첫걸음을 내디뎠다. 이후 미국 정부와 베트남 정부의 지원 요청을 받고, 1965년 1월 26일 국회의 동의를 얻어 1965년 2월 비둘기부대 2,000여 명의 후방 군사원조지원단의 파병으로 월남 파병은 본격화되었다. 본격적인 전투부대의 파병은 1965년 7월 2일 결정되어 10월 9일 해병 청룡부대가 파병되었고, 10월 22일 육군 맹호부대가 베트남에 상륙하여 미국으로부터 전술책임지역을 인수받았다. 전투병은 아니지만 군수지원부대인 십자성부대, 군수물자수송을 담당한 백구부대도 파병되었다. 1966년 미국의 전투부대 추가파병 요청에 의해 국회의 논의를 거쳐 4월 16일 혜산진부대가 월남으로 향했고, 8월 15일에는 백마부대가 베트남에 상륙했다. 이로써 한국은 미국 다음으로 많은 병력을 파병하여 월남파병 국군은 4만 8,000여 명에 이르렀으니 6.25때 도움을 받은 나라가 이제 남의 나라를 도와주는 쾌거를 이룩해 낸 것이다.

그 후 1968년 5월부터 미국과 월맹 사이에 휴전협정이 시작되었고, 미국의 베트남 전쟁의 베트남화 계획에 따라 미국을 비롯한 우방국들의 군대 철수가 1971년부터 시작되었다. 이에 따라 1971년 11월 6일 한국과 베트남 정부는 베트남 주재 한국군을 단계적으로 철수하는 데 합의하고, 12월 청룡부대 1만 명의 철수를 시작으로 1973년 3월까지 철수를 끝마쳤다. 한국군은 약 8 년 동안 총 34만 여 명이 참전해 혁혁한 전과를 올렸다.

한편 한국은 월남파병으로 1960년대 말부터 1970년대 초까지 많은 외화를 벌어들여 경제발전의 에너지로 활용했으며, 군사기술 및 군장비 등의 현대화에 기여했다. 또한 미국과 군사적 관계를 증진시키는 계기가 되기도 했다. 그리고 정부는 이 기간 동안 미국 측과 수차례의 회담을 거쳐 한국군 전력증강과 경제개발에 소요되는 차관 공여 등 14개항의 사전보장을 받는 등의 성과를 거두었다. 그러나 그 후 부패할 대로 부패한 월남 정권은 국민의 분열을 봉합하지 못하고 구심점을 잃은 데다 여 · 야는 정쟁으로 심각한 시회적 혼란 상태였는데 월남 내에서 공산월맹을 지지하는 세력이 정치, 언론, 학계, 종교계에 뿌리 깊게 침투되어 있어 끊임없는 반정부 시위를 주도하여 소위 오열의 침투와 적의 파상공격을 이겨내지 못하고 패망의 길을 걷게 되었다. 당시 월남은 국력 면에서나 군사력에서 월맹보다 훨씬 우위에 있었고 미국을 비롯한 서방세계로부터 전투기 600여대, 헬리콥터 900여대를 지원받아 군사력은 세계 4위였고 70만이라는 병력을 가지고 있었음을 생각할 때 이러한 역사적 사실은 후세 사람들에게 많은 교훈을 주고도 남음이 있다.

그 당시 베트콩에 의해 자유월남은 전복되고 공산정권이 들어섰으며 이미 그 이전부터 이를 의식한 100만 명이 넘는 남베트남 사람들은 망망대해에 보트를 띄워 탈출을 시도했다, 이른바 보트피플(boat people)이다. 이들 중 50만 명은 해적에게 희생되었고 풍랑을 만나 수중고혼이 된 사람이 부지기수였다. 미처 탈출하지 못한 사람들은 수백 만 명이나 숙청되어 희생된 비운의 역사 앞에 우리는 숙연해진다. 힘없는 민주주의와 자유는 그 명운이 길지 못하고 조금 자유로워지고 민주화 되었다고 방만해지면 곧 그 대가를 치른다. 민주주의와 자유는 피를 먹고 자란다는 말이 유행하던 시대가 있었다. 독재를 일삼는 비민주국가와 공산국가에서 민주주의와 자유를 쟁취하려는 노력을 비유한 말이었을 뿐이다. 지금은 오히려 세계사의 흐름을 역류하며 이미 폐기처분된 낡은 이데올로기의 망상에 사로잡혀 세상 어디에도 없는 허울 좋은 지상낙원을 꿈꾸는 무리들을 우리는 경계해야 한다.

우리는 우리의 국난극복사와 조국근대화의 역사를 보고, 또한 이웃나라의 패망의 역사를 보며 50년대의 폐허에서 60년대에 이어 70년대의 우리의 발전사를 되돌아 볼 필요를 느낀다. 바로 이웃의 월남이 패망하던 그 70년대에 우리는 벌써 국운 상승기류를 본격적으로 타기 시작하였다. 70년대에 들어와서 수많은 건설근로자들이 중동으로 진출하여 열사의 땅에서 피땀을 흘린 결과 또 하나의 대한민국 경제의 초석을 다듬은 일이다. 새마을 운동이 성공적으로 결실을 맺은 것도 70년대의 일이고, 근래까지도 세계 여러 나라에서 이 새마을 운동의 시스템을 배우러 오는 나라들이 많았다. 야당의 결사적인 반대에도 국토의 대동맥 경부고속도로가 완공된 것도 이 때다. 제2차 세계대전 이후 수십 년 동안에 걸친 서독의 경제적 발전을 '라인강의 기적' 이라 했고, 6.25로 초토화된 비참한 폐허를 딛고 이루어 낸 우리의 이러한 고속 성장을 '한강의 기적' 이라고 했다.

우리는 이와 같이 우리들의 선배님들이 해외에서 벌어들인 돈으로 기간산업을 발전시키며 대규모 수출입국의 발판을 마련하였다. 오늘날 1인당 국민소득 2만 달러를 달성하기까지의 그 근간에는 50년대의 초토화된 강토의 폐허위에 60년대와 70년대 우리 선배들의 땀과 의지와, 잘살아 보겠다고 발버둥친 눈물어린 집념이 어려 있음을 간과해서는 안 된다. 그리고 이러한 국력을 바탕으로 계속 성장의 고삐를 늦추지 않고 80년대 88서울 올림픽을 개최하였으며 90년대는 1인당 국민소득을 1만 달러로 올려놓는데 성공하였고 이러한 경제적 바탕위에 뉴밀레니엄 시대 2,000년을 전후하여 더욱 찬란한 민주화의 꽃을 피우게 되었으며 바야흐로 세계 경제대국 10위권에 들게 되었다.

우리는 오늘의 이러한 성장이 눈물겨운 선배들의 피땀 어린 결과임을 모르고 그냥 쉽게 그 과일 따먹는 데만 치중하는 젊은 세대들을 많이 본다. 선배들의 피땀으로 후세들이 잘 살아가는 것은 좋은 일이지만 숨 가쁘게 돌아가는 주변국들의 경제사정과 무절제한 포퓰리즘의 망령이 성장의 기반을 깡그리 무너뜨리려는 위험도 곳곳에 도사리고 있음을 간과할 수 없다. 좋지 않은 징조들이 도처에서 나타난 요즘 상황이다. 더구나 이를 모를 리 없는 못난 사리사욕에 눈이 먼 자들이 그러한 일에 앞장서고 있음이 더 큰 문제다. 벌써 그 어려웠던 시절을 까마득히 잊은 것일까?

6.25사변으로 인해 쌍방 약 150만 명이 희생되었고 360만 명의 부상자를 내었으며 한반도 전체가 초토화 된 이 비극을 일으킨 쪽이 북쪽임이 역사적으로 분명함은 움직일 수 없는 사실임에도 6.25는 남쪽에서 먼저 쳐들어갔다고 가르치는 좌경화된 교사가 있어 큰 사회문제가 된 일이 있다. 어쩌겠다는 것인가? 역사의 왜곡을 가르치는 것은 이미 교육의 정도를 벗어나는 것이다. 이것 말고도 국내에서 일어나는 일들에 대해서도 진실과 국익차원의 교육을 외면하고 좌경화된 의식교육을 일삼다가 징계를 당했거나 학부모로부터 거센 항의를 받은 일도 있다. 이렇게 왜곡된 교육으로 뭘 어쩌겠다는 것인지……. 참으로 호국영령들을 뵈올 면목이 없는 호국보훈의 달이다. 잘못된 역사관과 국가관은 나라를 망치고 개인의 삶을 망가뜨릴 수 있다. 진정 자식을 키우는 어른이라면, 국가의 백년대계를 생각한다면 후세들을 올바른 길로 인도함이 당연한 도리다.

우리는 이미 2007년에 1인당 국민소득 2만 달러 시대에 도달한 상태지만 문제는 정권 말기마다 대통령 친·인척 등이 연루된 권력형 비리가 불거져 수사를 받거나 종합금융 사태나 카드대란, 최근의 저축은행 사태 등 금융 비리는 그 끝을 모를 정도로 국민을 실망시키고 있고, 국회에서 의원들이 난투극을 벌이는 일, 임기가 시작되어 3주가 넘어도 개원을 못해 아무 일도 못하고 있는 요즘 국회, 노사 갈등은 한번 발생하면 파국으로 치닫고, 입시지옥 속에 수능을 치르는 모습이나 이미 지나간 이념논쟁으로 국력을 낭비하는 등의 사태 등은 해외언론에 신기한 풍경으로 소개되기도 한다. 선진국에서는 보기 힘든 전근대적인 풍경들이기 때문이다.

이런 현상은 다른 국가에 비해 심각한 사회갈등 지수로 이어지고 있다. 한국은 OECD 국가 중에서 빈부갈등 노사갈등 등 모든 요소에서 갈등지수가 가장 높게 나타났다고 한다. 배울 만큼 배우고 누릴 것은 다 누리면서 살만치 산다는 사람들이 이렇게 자꾸만 갈등을 부추기는 책임감 없는 행동들을 국민들은 두 눈 똑바로 뜨고 지켜보고 있다. 참 신기한 것은 1인당 국민소득 2만 달러의 나라에 사는 사람들이 1인당 국민소득 1,000달러 수준인 북한을 떠받들고 있는 소위 종북 세력들이 준동하고 있다는 사실이다.

세계 각국의 부패 정도를 평가 발표하는 국제투명성위원회(TI)는 북한을 세계에서 가장 부패한 나라로 꼽고 있다. 인권 관련 국제기구는 북한을 최악의 인권 탄압 국가이자 최악의 언론 상황에 놓인 국가로 평가하고 있는데도 말이다. 한 민족이 같이 잘 살아보자는 것은 얼마나 좋은 일인가. 지구상에 하나밖에 없는 분단국가로 남은 한 반도의 시름은 깊다. 그러나 쌍방이 각기 다른 방향의 통일을 부르짖고 있는 이 때 우리라도 한 목소리를 내어 한쪽에서의 통일이라도 이루어져야 한 반도의 통일을 앞당기는 일이 될 것이다. 누가 통일을 말자고 하는가. 독일이 동독과 서독을 통일하기까지의 그 완숙된 과정과 철학이 살아있는 냉철한 그들의 수준을 보자. 바로 답이 나온다. 지금 일부에서 중구난방으로 부르짖고 있는 이 혼돈스럽고 막무가내식의 통일 논리로는 아무것도 할 수 없다.

6월 하늘, 동족상잔의 그 아픔을 가득 담고 있는 눈물어린 하늘을 보면서, 지금 숨 가쁘게 돌아가고 있는 주변국들의 아전인수격인 역사관과 탐욕이 가득 담긴 충혈 된 눈길들을 보면서, 또한 우리가 처한 이 혼돈의 상황을 보면서 이 6월은 참 많은 것을 생각하게 한다. 일본은 마침내 핵무장 빗장을 풀었고 중국은 항공모함의 자체건조, 차세대 스텔스전투기의 실전배치, 서태평양의 항모를 타격할 수 있는 미사일 개발 등 군사력은 가공할 수준으로 팽창일로에 있다. 북한은 2012년을 강성대국 건설을 위해 지금 핵 및 군사력으로 주변국을 위협하고 있는 상황이다. 일부 정치인들은 입으로는 안보가 어떻고 하면서 막상 이 안보문제에 봉착하면 당장의 이해득실을 따지며 선거만을 의식한 행보에만 일관하는 인상을 지울 수 없는 형편이다. 서로들 삿대질 하며 싸우느라 바지춤이 내려가는 줄도 모르는 형국을 보며 쓴웃음을 짓는 것이 비단 필자만의 생각일까.

참 장황하게 길어졌다. 하지만 6.25로 인해 초토화된 50년대의 조국과 60년대, 70년대의 조국근대화 작업에 피땀 흘린 우리 선배들의 이야기와 80년대부터 뉴밀레니엄 시대까지의 우리의 역사를 기반으로 하지 않으면 오늘의 대한민국을 논할 수 없기 때문이다. 6월은 호국영령들의 매서운 애국충절을 생각하며 그동안 흐트러진 마음이 있다면 찬물 한 바가지라도 끼얹어 정신을 차리고 다시 반년을 살아갈 각오가 서야하는 달이다.

(12.6.25)

어찌 이 따위 나무가…….

아파트 앞을 드나들면서 항상 눈에 거슬리는 게 있었다. 등나무가 무궁화나무를 칭칭 감아 올라간 모습이다. 등나무를 그 자리에서 맨손으로 뽑아버리거나 꺾어버리기에는 이미 너무 굵어져 있었다. 누가 무궁화나무 밑에 등나무를 심었는지 상식적으로 도저히 이해가 안 간다.

등나무가 어떤 나무인가? 상대나무를 칭칭 감아 올라 꽉 조이면서 성장을 더디게 하거나 고사하게 만드는 별로 이미지가 좋지 않은 나무이다. 능소화의 꽃은 아름답지만 그 줄기가 다른 나무를 죽게 하거나 꽃가루의 형태가 갈고리 모양으로 생겨 사람이나 동물의 눈에 해를 입혀서 별로 좋지 않은 평을 듣는 것과 같다. 등나무는 한 때 아파트의 정원이나 공원에 심어 그늘을 제공하기도 하였으나 조금만 손보지 않으면 사방으로 덩굴을 뻗혀 값 비싼 정원수들을 감아 올라 죽이거나 수형을 망가뜨리는 통에 아예 심지 않거나 베어버리는 경우가 많다.

내려오는 말에 이 등나무를 집안에 심으면 가정사가 어수선해지고 잘 풀리지 않는다고 해서 기피하는 나무다. 갈등(葛藤)이란 말이 칡넝쿨과 등나무가 뒤엉켜있음을 이르는 말이어서 더욱 그러한 생각들이 이들 넝쿨처럼 세인들의 마음을 휘감고 있을지도 모른다. 더구나 이들 두 나무의 넝쿨은 오른돌이와 왼돌이로 그 회전 방향이 다르게 뻗어가면서 서로 엉켜있는 있는 모습을 보면 말 그대로 갈등을 느끼지 않을 수 없다. 어느 한 가지만 엉켜 있어도 심란한데 그 두 가지가 그것도 서로 다른 방향으로 얽히고설키면 도저히 풀길이 없어 얽힌 삼타래를 잘라내는 쾌도난마(快刀亂麻)의 단어를 떠올리게 된다. 고향의 유자나무 과수원이 칡넝쿨에 점령되어 황폐화되는 것을 본적이 있다. 마찬가지로 숲도 칡넝쿨에 의하여 망가지다 보니 요즘은 선택성 제초제를 이용한 항공방제로 이들을 제거하고 있는 상황이다.

이날 등나무가 칭칭 감아 올라간 무궁화의 상황은 또 다른 각도에서 심란하다. 그 상대나무가 다름 아닌 나라꽃 무궁화가 아닌가. 상징성을 부여하여 무궁화동산을 만들었다면 더 더욱 있을 수 없는 일이다. 등나무가 이미 번성하여 휘감아 누르는 바람에 무궁화나무는 그 무게를 감당하지 못하고 지면 쪽으로 많이 기울어져 있는데다가 나무줄기를 파고들며 조이는 모습은 흡사 구렁이가 먹이를 휘감아 졸라 죽이는 형국이다. 꽃이 몇 송이 피었으나 빈약하기 짝이 없다. 당장 톱을 가져와 등나무 넝쿨을 잘라버리고 무궁화나무를 바로 세우고 싶었지만 엄연히 관리하는 곳이 따로 있기에 정상적인 절차를 밟아 처리하기로 하였다.

인터폰으로 경비실 당직자와 통화한 결과 곧 처리할 테니 관리사무소에도 전화를 넣어 달라는 것이었다. 주민으로부터 민원이 들어왔다는 것을 증명하기 위함인 것 같아 낮 12시경 관리사무소에 전화를 걸었다. 필자가 들려주는 상황을 듣고는 곧 처리하겠다고 했다. 그러나 오후에도 처리하지 않았다. 뒷날 목요일도 그냥 넘어갔다.

태풍 뒤였지만 이 쪽 아파트 지역은 거의 피해가 없어 바쁜 일도 없어 보인다. 약간 떨어진 정원수의 푸른 잎들은 며칠 전에 벌써 청소가 끝난 상황이다.

금요일 아침에 인터폰을 다시 넣으니 필자를 현장으로 좀 나와 달라는 것이었다. 이틀 전 수요일에 경비실이나 관리사무소에 연락한 것에 대해 아무런 조치도 취하지 않았음이 드러난다. 이미 자세한 위치와 상황을 인터폰이나 전화로 알렸음에도 현장으로 나와 달라는 경비원의 말에 조금은 언짢았지만 그래도 내가 자초한 일이니 결말을 봐야했기에 주섬주섬 옷을 갈아입고 현장으로 갔다. 경비원은 딱한 상황을 이해하면서도 옆에 아파트 단지 관할이라면서 발을 뺀다. 성질 같아서는 당장 톱을 가져와서 필자 혼자 처리해버리고 싶었지만 꾹 참고 옆의 단지 경비실로 당직자를 만나러 갔다. 휴대폰 번호만 걸어놓고 순찰 중이었다. 전화를 하니 그 곳은 자기 관할이 아니고 시청관할 공원이라 했다.

시청관할 공원이라면 시청의 그 직속 행정관서인 해당 동 주민 센터에 민원처리 요청하는 것이 좋을 것 같아 전화번호를 찾아 연락했더니 곧 처리한다고 하며 필자의 전화번호까지 확인하는 것이었다. 이 날이 금요일 10시 50분경이었는데 오후에도 현장에는 오지 않았고 전화연락도 없이 하루가 흘러갔다. 공무에도 우선순위가 있으니 좀 더 기다려보기로 했다. 토요일, 일요일은 휴무가 이어지고 월요일쯤이면 무슨 조치가 취해지리라 본다. 월요일에도 아무 소식 없으면 다시 전화 걸어 담당공무원 허락받고 필자가 해결할 생각이다. 공원관리가 엄연한 시청관할이고 등나무를 베어내면 그 양도 상당히 많은 양이어서 도시의 환경에서 그 쓰레기를 해결하는 것도 그리 쉽지 않은 상황이다.

2001년도에 어느 부처에서 "나라꽃 사랑하기 문예작품"을 모집한 적이 있었는데 필자는 시 부문과 수필 부분에 응모하여 두 군데 모두 당선된 적이 있다. 그 졸시 한 편을 실어보며 이 글을 끝낼까 한다. 필자의 관심분야인 시조 장르로 표현한 글이다.

무궁화 꽃잎 필 때 잠 못 드는 겨레여

무궁화 필 무렵엔 풀잎들도 눕는다.
단군 할아버님 이 땅에 오실 때에는
그 꽃잎 하르르 벌며 반겨 맞았을 게다.

너는 어디서 와 반도에 뿌리를 내렸으며
그 질긴 회초리로 민족혼을 달래는가
오늘 밤 너의 언덕에 벗은 발로 서고 싶다.

이 땅에 혼 불 지펴 점점이 피어날 때
너로 하여금 가슴이 끓는 민족이 여기 있다.
못 이룬 통일 대업에 불면의 밤 지새운다.

지지리 못난 노래 이제는 그만 부르자
모두 다 핏줄이어 따뜻하게 흐르는데
우리네 백두대간은 등줄기가 시리단다.

나라 꽃 피는 품새 이리도 굳세거늘
묶인 허리 하나쯤은 훌훌 풀고 볼일이다.
겨레여 무궁화 핀다 백두에서 한라까지.

(12.9.3)

4 부

갓끈과 더러운 발

내소사 차 한 잔의 꿈

오월의 신록은 이제 검은 빛을 더 해가면서 여름을 재촉한다. 해마다 이맘때면 신록을 보내는 아쉬움과 함께 어느 문우의 봄 편지를 떠올려 본다.

'벗이여, 이 곳 신록이 한창이니 한 번 들렸다 가시게. 늦으면 검은 빛 내리니 지금 곧 오시게. 차 한 잔 나눔이 이토록 어려운가…….'

변산 내소사 주지로 있던 문우가 보낸 봄 편지는 한지에 먹물로 쓴 신선의 글씨 같아 지금도 그가 준 시집 책갈피에 꽂혀있다.

해마다 보내오는 봄 편지에 답장도하기 전에 오월은 가버리곤 하였는데 지금 생각하니 멀리 떨어져 그리워하던 시절이 참 좋았던 것 같다. 오월의 신록을 띄어 보내준 봄 편지 한통에 나의 봄은 왔고 내가 답장을 보낼 쯤엔 벌써 그 봄은 떠났다. 해마다 보내는 봄 편지에 답장만 하고 차 한 잔의 시간은 미뤄 두었다. 빠듯한 공직자의 생활이라 그 신록의 만남이 그리 쉽지 않았다. 그러기를 몇 해 사연만 오고 가다가 어느 해 연휴가 겹치는 오월이 왔다.

필자는 가차 없이 남행열차에 몸을 실었다. 남으로 갈수록 점점 봄의 냄새가 짙어가며 문우와의 만남이 가까워 질 시간에 뜻하지 않은 부음을 들었다. 고향의 근친 한 분이 세상을 뜨셨다는 소식이다. 중간에 행선지가 바뀌지고 문우와의 차 한 잔은 고인의 혼백에게 드리는 술 한 잔으로 바뀌졌다. 그 후 내소사 문우와의 차 한 잔의 꿈은 지금도 이뤄지지 않았고 또 금년 봄이 지나고 신록도 떠나 버렸다.

오월에 떠난 사람이 참 많다. 영영 오지 못할 곳으로 떠난 사람이 많은 오월, 신록으로 걸어 들어간 살아 있는 사람은 그 푸른 기를 받아 더욱 살아나기를 바라고 오월에 유명을 달리한 사람은 좋은 세상으로 들어가 영혼이나마 이승의 얽힌 한을 풀고 푸르게 살기를 빌어 보는 오월이다. 개인적으로는 이별이 좀 많았던 오월, 역사적으로는 큼직큼직한 현대사의 굵은 밑줄 친 부분을 읽으며 내소사 차 한 잔의 꿈을 내년으로 넘긴다.

(11.5.29)

갓끈과 더러운 발

창랑의 물이 맑으면 내 갓끈을 씻을 것이며, 창랑의 물이 흐리면 내 발을 씻으리라. '滄浪之水淸兮어든 可以洗我纓이오, 滄浪之水淸兮

濁兮어든 可以濯我足이다.' 창랑(滄浪)은 강의 이름, 한수(漢水)를 말함이고, 영(纓)은 머리에 쓰는 갓 끈을 말한다.

물이 맑으면 귀한 갓끈을 씻을 것이며, 물이 흙탕물이면, 때 묻은 발을 씻겠다는 것으로, 무슨 일이든 환경과 경우에 따라, 적응하는 처신을 뜻한 말이다. 초사(楚辭)에 있는 말이며 맹자의 이루편(離婁篇)에도 이 말을 인용하는 글이 나오는데 어릴 때부터 많이 들어온 말이다. 참 멋진 비유지만 그 날카롭기가 비수 같아 쉽게 입에 물리기가 힘든 말이다.

눈앞에 흐르는 물이 탁한 줄을 알면서도 갓끈을 씻으려고 줄지어 서는가 하면, 맑은 물인데도 더러운 발을 감히 들여놓는 오늘의 세태다. 갓끈도 갓끈 나름이다. 이미 썩고 문드러진 갓끈이니 탁한 물, 맑은 물을 가릴 필요가 없어진 것일까? 아니면 맑은 물의 존재가치를 더러운 발로 분탕질해서 흙탕물로 만들어버리겠다는 고약한 심보인가?

아무리 세상이 험악해져도 선악의 구별은 되어야 한다. 맑은 물, 탁한 물의 구별이 없어지고, 귀한 갓끈, 때 묻은 발이 구별되지 못한다면 이거야 말로 금수의 세상과 뭐가 다를 것이며 막가는 인간세상의 징조가 아닌가?

세상사 모든 것이 선한 것으로만 귀결되어지는 건 아니다. 한 때 난세에 악의 기운이 강해 그 악이 특정한 지역이나 시대를 지배한 경우는 작거나 커거나 이 지구상에 여러 번 있어왔다. 그러나 이 악이 지배하는 세상은 얼마 가지 못하고 인간성 회복의 복원력에 의하여 곧 뒤집혀지고 말았다.

소중히 간직해 왔던 각자의 갓끈을 어찌 탁류에 맡기랴! 세상이 어지럽더라도, 한 동안 탁류가 흘러가더라도 내 양심을 지키고 내 소중한 삶의 푯대를 어찌 꺾으랴. 내 쌓아온 내공의 힘으로 어려움을 참고

견디면 언젠가는 맑은 물이 흘러올 것이다. 뻘 묻은 발은 그래도 내 갓끈을 지켜낸 고마운 발일 수도 있다. 탁류가 흐를 때 뻘 묻은 발을 씻음은 현명한 처사다. 자의로 발을 더럽혔거나 남에게 떼밀려 더럽혔거나 위기의 순간은 누구에게나 있기 마련이다.

더럽혀진 발처럼 내 육신 어느 한 곳을 삭히거나 잘라내는 한이 있더라도 정신 줄인 갓끈은 결코 더럽히거나 놓치지 않으려는 그 정신은 바로 우리 맑은 영혼이 그래도 내 삶의 정수리에서 항상 맑은 물을 쏟아 부을 때 가능하다. 오늘 창랑의 물이 너무 흐리면 더럽혀진 발만 씻자. 그리고 우리 스스로 창랑의 물을 맑게 하는 날 비로소 우리의 갓끈을 씻을 것이니 그 때까지 맑은 바람 부는 버드나무 아래 각자의 갓끈을 소중히 걸어두자.

이미 흙탕물에 갓끈을 담가버렸다면 어쩔 것인가? 참 어려운 일이지만 환골탈태(換骨奪胎)라는 말이 있기는 하다.

(11.9.17)

산중문답(山中問答)

요즘 산행에서의 스틱 사용은 필자에게 필수적이다. 처음 사용할 때는 불편해서 사용을 말까했으나 산행전문가들이 들려주는 충고에 사용하는 쪽으로 마음을 굳히고 꾸준히 사용했더니 점점 몸에 익어 마침내 불편하지 않았다. 그 것 뿐이 아니다. 어쩌다가 스틱을 잊고 가져가지 않은 날은 오히려 산행이 힘들 때가 많았다. 스틱을 사용하면 몸의 무게를 분산시켜 체력소모를 줄이고, 무릎을 보호하여 관절의 마모와 실타래처럼 가는 인대들이 모여 있는 부분 인대들의 파열을 막아 나이에 관계없이 오랫동안 산행을 통한 자연과의 만남을 이어갈 수 있다. 젊었을 때 산을 날아다니다 시피 쿵쾅거리며 힘깨나 쏟으며 산행을 하던 사람이 환갑도 못되어 다시는 산을 오를 수 없는 지경에 빠지는 것은 대개 이 무릎 관절을 무리하게 사용했거나 인대들이 손상을 입은 경우가 많다.

스틱은 겨울의 빙판길을 올라갈 때나 내려올 때 뾰족한 끝으로 찍어 버틸 수 있고 불어난 계곡물을 건널 때는 지지대 역할을 해준다. 험한 산에서 야생동물을 만났을 때는 무기로 활용할 수 있다. 아쉬운 대로 그 뾰족한 끝을 앞으로 쑤욱 내밀고 찌르려는 동작만 하고 있어도 잘 덤비지 못한다. 때리려고 머리 위로 치켜들면 절대 안 된다. 그 때 빈 공간을 틈타 벌써 맹수는 사람 몸의 어딘가를 물어버린다. 날쌔기에서 인간은 맹수를 당할 수 없다. 어쩌다가 스틱 준비를 하지 않고 산행을 할 때가 있다. 곧 피로가 온다. 그렇게 불편할 수가 없다. 그럴 때는 주변을 살펴, 넘어져 고사한 나무라도 대충 가지를 추리고 스틱 대용으로 해야 마음과 몸이 편함을 느낀다. 스틱 사용이 완전 체질화 되었다는 증거다. 이 스틱 대용의 나무 지팡이는 하산할 때 더욱 필요하다. 피로해진 다리로 경사진 곳을 버티며 내려올 때가 이외로 힘이 더 든다. 하루 종일 산을 타고 힘이 빠진데다가 경사각 밑으로 쏠리는 중력을 버텨야 하기 때문에 하산 길에서 산악등반사고도 많이 일어난다.

고향의 망운산에 갔을 때 화방사를 경유하는 등반길의 산 초입에 지팡이가 많이 있었다. 화전문화제에 참가했다가 오후에 시간이 좀 남아 스틱 없이 이 나무 지팡이를 스틱 삼아 오르면서 누군가의 배려에 고마움을 느끼면서 잘 사용하고 원래 자리에 놓아두고 왔던 일이 있었다. 몇 년 전 어느 날 산행에서도 스틱을 가져가지 않아 산 중턱에서 나무 지팡이를 구하던 중 빗물에 쓸려 내려가 뿌리가 뽑힌 채 뒹굴고 있는 마른 나무 하나를 집어 들고 대충 손으로 잔가지를 다듬은 다음 스틱 대용으로 잘 사용했는데 산을 내려와서도 다리가 피곤해 집에까지 나무지팡이를 짚고 왔다. 어느 날 바깥에서 들어오다가 현관에 세워 두었던 지팡이를 문득 보니 뿌리가 많이 붙어있는 부분이 용의 뿔처럼 느껴졌고 자세히 보니 용의 입, 눈까지 있었다. 그냥 버리기가 아까워 도구로 다듬어 봤다. 나름대로 용의 머리가 되었고 막대의 긴 부분은 몸통이 되었다. 산수경석 몇 개가 있어 그 위에 걸쳐놓으니 영락없는 용의 비상이었다.

그 후에도 나무 지팡이는 몇 개가 집으로 왔는데 껍질을 벗기고 사포로 곱게 다듬으니 굴곡은 좀 있어도 약간의 공간이 나왔다. 마침 그때가 중국의 당.송 시대의 한시를 워드 작업하여 정리하고 있던 때라 그 한시(漢詩)를 지팡이에 새겨보기로 했다. 우선 다듬은 나무에서 송진 향이 나니 그리 좋을 수가 없었다. 오랫동안의 세월에 무른 곳은 떨어져 나가고 단단한 송진 박힌 부분만 남아 그 특유한 향기를 풍기고 있는 것이다. 송진 박힌 곳의 향기를 맡으며 한자 한자 시문을 새겨 넣는 작업도 재미있었다. 도연명(陶淵明)의 시가 들어가고, 두보(杜甫)의 시도 들어갔으며 이백(李白)의 시도 들어갔다. 가끔 중국 시선, 시성들의 명시가 적힌 지팡이를 들고 만지작거리다 보면 그 분들의 시향이 목향과 함께 우러나온다.

이 여러 개의 지팡이들에 새겨진 한시 중에 도연명(陶淵明)의 귀거래사(歸去來辭)는 상당히 긴 시문이다. 다 새기고 나서 글자 수를 헤아려보니 새긴 필자의 이름까지 343자였다. 오늘도 이 장문의 시를 읊어보며 외우고 있다. 같은 문우 한 분이 이 귀거래사라는 제목으로 몇 년 전 시집을 내었고 어떤 자리에서 그 귀거래사 그 장문의 싯귀를 모두 쓰면서 들려주는 걸 보며 우리 일행은 큰 박수로 그 분의 수고에 답한 일이 있었다. 이백(李白)이 지은 산중문답(山中問答)의 지팡이를 들고 뒷산으로 나가면서 이 글을 쓴다. 인터넷 신문인가에 글 하나 올렸더니 마음 편치 않은 일이 자꾸 생긴다. 마음 같아서는 모두 다 지워 버리고 싶다. 작년 연말엔 향우회지 만드느라 모든 걸 건너뛰었는데 연 초부터 생긴 이런 일들은 어떻게 하면 건너 뛸 수 있는가를 산중문답(山中問答)에서 찾아보기로 하였다.

(12.1.9)

주유천하(周遊天下)

오래전부터 다섯 살 난 손자 녀석이 바다가 보고 싶다고 자꾸 노래를 불렀다. 산으로 들로는 많이 데리고 다니면서 자연에 대한 친화의 기회를 많이 제공해 주었지만 바다는 한 번도 가보지 않았는데 대중매체나 책을 보고 그러는지 자기 나름대로의 바다를 그리면서 낚시도 하고 싶다고 했다. 산으로 가자고 했더니 바다가 더 좋단다. 하도 바다로 가보자고 노래 부르듯 하기에 지난 설날 연휴 때 안면도 쪽으로 방향을 잡았는데 서울을 벗어나지를 못했다. 꽉 막혀서 도저히 시간적으로 갈 수가 없었다.

경춘가도로 방향을 바꿔 한강 쪽을 보여주며 바다로 대체했으나 녀석은 이곳은 바다가 아니고 강이라 하면서 만족하지 않았다. 하지만 한강물의 잔물결에 햇빛이 반사되는 걸 보고

"할아버지, 강물이 반짝반짝 눈부셔요"라고 하는 바람에 아무 소득이 없는 것은 아니었다. 세 살 땐가 도봉산 봉우리에 걸린 반달을 보고

"할아버지, 달이 반쪽으로 잘라졌어요." 라고 했던 녀석이다. 부산의 동생이 아버님의 제사에 참석하기 위해 왔을 때 이번 여름방학에 작은 할아버지가 계시는 부산에 가서 삼촌 고모와 바다도 보고 낚시도 하자고 가까스로 달래 주곤 하면서 다소 지루한 약속을 하였다.

그런데 아들이 근무하는 코엑스 영업점이 핵 안보 정상회담으로 이틀을 쉬게 되었다. 이때였다. 고향을 잊고 사는 아이들에게 고향을 보여줄 절호의 기회가 온 것이다. 나는 가차 없이 이번 휴가는 고향으로 가야한다고 역설하였다. 손자 녀석이 가고 싶어 하는 곳도 바다이고 아들과 딸에게 보여줄 곳도 고향바다의 푸른 기상이었다.

호젓한 남쪽 바닷가에 하루 묵을 곳을 정해놓고 봉천의 묘목장으로 향했다. 고향의 시금치가 습해를 받아 큰 피해를 입고 고향사람들이 망연자실해 있을 때 나는 묘목장 한켠의 황토밭 고구마를 수확하고 늦게 시금치를 좀 뿌려놓았는데 겨울 동안 잘 자라서 우리를 맞아주었다. 잎줄기가 시뻘건 오리지널 황토밭 노지 시금치였다. 온 가족이 달라붙어 몇 포대를 수확하는 동안 손자와 손녀는 고조할아버지 때부터 내려온 땅을 밟으며 즐겁게 뛰놀았다. 며느리는 아이들을 데리고 밭가 언덕에 지천으로 나있는 달래를 캐고 있었다.

주유천하(周遊天下)가 별거던가? 나는 마음의 주유천하(周遊天下)에 이미 들어 있었다. 아들과 딸, 그리고 손자와 손녀들에게, 조상대대로 이어 내려온 이 고향땅을 밟게 하고 고향의 땅기운을 받게 함으로써 마침내 주유천하 할 에너지를 불어넣어준 것이다. 이 녀석들이 넓은 땅을 돌아다니면서 봄꽃도 보게 하고 나물과 시금치도 뜯게 하고 바로 앞에서 전개되는 강진바다 푸른 물을 보게 하면서 그들의 정서가 이곳에 자리 잡아 주기를 기대했다. 손자와 손녀를 가까이 보아주면서 할아버지 된 나는 항상 환경 친화적인 인물로 자라나기를 바라며 산으로 들로 많이 데리고 다녔다.

무엇인가 통했는지 이 녀석들은 조상님들이 대대로 지켜온 논밭을 뛰어다니면서 기가 펄펄 살아있었다. 단 몇 시간 만에 이 녀석들은 대자연속을 마구 헤집고 돌아다닌다. 신발에 흙 묻을까, 바지가랑이에 아침이슬 묻을까 겁을 내고 꽃밭에 날아드는 벌 나비 곤충마저 겁을 내는 요즘 도시 아이들하고는 사뭇 다르다. 이 녀석들의 주유천하는 이렇게 시작되는 것이다.

가까이 있는 원초적인 고향이나 향토의 정서를 모르면서 먼 세상 구경은 큰 의미가 없다. 아무리 천하를 휘 젖고 돌아다녀봐야 대자연을 받아들이는 기본 정서와 인본주의적 정서가 없으면 이는 시간낭비일 뿐이다. 경제가 허락하지 않아 세상 여러 곳을 못 돌아 봤을지라도 자연에 대한 기본 소양만 있으면 세상천지를 다 그려낼 수 있는 것이 인간이다.

아무리 경제적으로 부유하다한들 어차피 모든 것 다 보지 못하고 떠나는 것이 인생이다. 천하의 명승지를 다 보았으되 감동을 느끼지 못할 수도 있고 비록 내 고향 산천의 조그만 시냇물에서도 마음만 열려있으면 심원한 무한량의 수량을 경험할 수 있다는 말이다. 강진바다 아담한 해류의 느낌을 진실로 감지할 수 있다면 저 웅장한 태평양의 해맥을 짚을 수 있다는 뜻이다. 즉 어렸을 때부터 호연지기의 기본 정서가 자리를 잡지 못하면 더 이상의 넓은 세상은 의미가 없다는 말이다. 나의 속이 비좁은데 어찌 천하를 넣을 수 있으랴.

고향 바다의 해조음을 들으면서 깊어가는 봄밤의 정취는 실로 부드러움의 극치였다. 이렇게 고향 자장가 속에 온 가족이 아름다운 봄밤을 만끽하게 해준 아들과 딸의 휴가가 고맙고 먼 길을 비좁은 차속에서 짜증 한 번 안내고 시종일관 웃으며 재롱부리며 할아버지와 할머니와 아버지의 고향을 처음 찾아온 여섯 살과 세 살 박이의 손자 손녀가 고맙다. 날이 밝자 아들과 나는 제법 멀리 떨어진 곳으로 낚시를 갔다. 새벽 무렵 갯바위 앞의 해초 속에 꽤 많은 노래미가 유영하고 있었다. 잠시 동안 필요한 만큼의 수확물이 쿨러에 담겼다. 오리지널 자연산이다.

숙소로 돌아와서 쿨러의 뚜껑을 열고 보여주었더니 손자와 손녀 녀석들이 살아 있는 노래미를 방바닥에 쏟아놓고 같이 논다. 쩌억 쩍 입을 벌리는 노래미와 입을 맞추기도 하고 노래미의 입에 세 살짜리 손녀 녀석은 밥알을 넣어주며 먹으라고 한다. 퍼덕거리면서 꼬리지느러미로 볼을 때려도 자지러질듯 웃으며 좋아한다. 확실히 환경 친화적으로 자라난 아이들이다.

이번 고향 방문은 짧지만 자라나는 2세들에게 주유천하의 첫걸음을 떼게 해준 의미 있는 1박 2일이었다. 이대로 간다면 아이들은 세상 모든 만물들과 친해지는데 큰 어려움은 없을 것 같다.

(12.4.1)

할머니와 명주 베 목도리

파주 광탄면에는 윤관장군 묘역이 있다. 윤관 장군은 1107년(고려 예종 2년)에 별무반을 이끌고 여진을 정벌하여 9성의 설치와 함께 고려영토를 확장했다. 이율곡, 황희, 윤관을 파주 3현이라 하여 이 지방 사람들이 향토의 인물로 크게 자랑스러워하며 받들어 모심은 물론 역사에 길이 남는 우리 민족의 위인들이다.

필자가 오래 전 그 쪽 삼팔선 부근의 직장에 3년간 근무할 때 1호 관사에서 생활하면서 일요일에 한 번씩 토요일에 서울로 올 때와 일요일 그 쪽으로 갈 때는 꼭 이 윤관장군의 묘역 앞 도로를 지나가게 된다. 한 번씩 차에 내려 장군의 묘역을 참배하면서 문무를 겸한 이 호걸의 기풍을 흠모하게 되었으며 주변의 노송 우거진 경관도 좋아 묘역을 천천히 걸어 참배하고 여러 개의 비문도 읽어보게 되고 桑(뽕나무) 시비(詩碑) 또한 눈여겨 읽어본 기억이 있다.

葉養天蟲防雪寒(엽양천충방설한)
뽕잎은 누에를 길러 추위를 막게 하고,

枝爲强弓射犬戎(지위강궁사견융)
가지는 군센 활이 되어 오랑캐를 쏜다.

名雖草木眞國寶(명수초목진국보)
이름은 비록 초목일지라도 참으로 국보로다.

莫剪莫折誡兒童(막전막절계아동)
자르거나 꺾지 못하게 아이들을 훈계하리.

윤관 장군이 7세 때 지은 시라고 한다. 그 당시 구황(救荒)작물로 뽕나무는 굶어 죽을 사람을 살리고 옷감을 짜는 실의 역할을 단단히 하였으며 오랑캐를 물리치는 활의 재료로 활용하였기에 이런 글을 지었다고 볼 수 있다.

동의보감에 의하면

'뽕나무는 뿌리껍질[상백피], 잎, 가지, 열매 등 여러 부위를 약으로 쓴다. 또한 뽕나무에 자생하는 겨우살이, 이끼 좀 벌레 등도 약으로 쓴다. 이외에 뽕나무 잿물과 뽕나무도 약으로 쓴다. 뽕나무 껍질은 폐기로 숨이 차고 가슴이 그득한 증상, 수기로 인한 부종에 좋다. 또한 폐 속의 수기를 없애며, 오줌을 잘 나가게 하고 기침하면서 피를 뱉는 증상을 낫게 한다. 배속의 벌레를 죽이며 쇠붙이에 다친 것을 아물게 한다. 뽕잎은 각기와 수종을 낫게 하며, 대 소장을 잘 통하게 하고 기를 내리며 풍 때문에 생긴 통증을 멈추게 한다.' 라고 되어있다.

어릴 적 기억으로 밭가의 큰 뽕나무를 베어 쪼개면 그 속에 굼벵이보다 길고 가느다란 하얀 애벌레가 나왔는데 그 애벌레가 각종 질병을 치료할 뿐만 아니라 몸을 강건히 하는데 좋다고 동네 어른들이 앞 다투어 가져가는 것을 보았다. 뽕나무에서 나오는 것은 좋은 것이 한두 가지가 아니다. 뽕나무에서 생긴 상지 버섯은 그 약용가치가 높고, 뽕잎을 먹고사는 누에 애벌레는 동충하초의 원료로 사용되어 약용 및 건강식품으로 인기리에 판매되고 있으며 또한 누에 애벌레를 건조시켜 그 가루를 약용하는 상품이 비싸게 팔리고 있고 뽕나무 가지는 볶아서 상지차로 음용하며 잎은 역시 뽕잎차로, 열매는 뽕나무의 모든 약리작용이 결정체로 담겨 있는 그야말로 뽕나무의 정기가 들어 있다고 더 큰 각광을 받고 있으며 뿌리는 뿌리대로 또 다려서 약용이나 건강식으로 쓰고 있으니 이쯤 되면 뽕나무의 가치는 대단히 높다 하겠다.

필자는 작년에 고향에 갔다가 조부모님 산소를 돌아보던 중 묘역의 가까운 곳에 옛날부터 있던 아주 오래된 뽕나무 몇 그루에 무진장하게 달려있는 뽕 열매를 보게 되었다. 보라색으로 무르익어 가는 열매를 몇 개 따먹다가 숨에 안차 차안에 있던 천막을 나무 밑에 넓게 깔고 나무에 올라가 몇 번 흔들었더니 순식간에 떨어진 그 뽕열매는 혼자서 들 수도 없을 만큼 많은 양이었다. 냉동실에 넣어 샤베트로 만들고, 설탕에도 저려 추출물을 만들어 물에 타먹으면서 온 식구가 그야

말로 오디 물에 시퍼렇게 젖었던 기억도 있다. 으깨어진 것을 베란다의 흙에 심었더니 겨울을 넘기고 지금 1자 이상으로 자랐다. 작년에 많은 수확을 했던 그곳에 금년에는 시기를 잘 못 맞춰 가는 바람에 수확을 할 수가 없었다. 내년을 다시 기다린다.

뽕잎을 쌈으로도 먹는다기에 상추와 함께 가꾸어 먹어보니 맛이 그런대로 괜찮았다. 그러나 식구들은 필자의 뽕잎 건강론에 큰 관심을 가지지 않는다. 맛이 이상하다고 안 먹는다는 식구들에게 별별 좋은 이야기를 다했지만 소용없었다. 결국 필자만 그 뽕잎을 따서 먹고 있으니 얼마 후 안 먹는 사람과는 차이가 난다면 이 뽕나무를 더 심어야 할지도 모른다.

누에가 뽕잎을 먹고 토해낸 가느다란 실을 엮어 만든 집이 누에고치다. 애벌레에서 번데기가 되어 나방이로 가기까지의 성장을 보호해줄 집인 셈이다. 그 고치를 끓는 물에서 부드럽게 불린 다음 고치의 표면에서 실마리를 풀어내어 가락[물레로 실을 자을 때 고치에서 나오는 실을 감는 두 끝이 뾰족한 쇠꼬챙이]에 붙이고 그 가락에 물렛줄을 걸고 물레를 돌리면 고치는 돌돌 물에 뒹굴면서 한 올 한 올 실을 풀게 되는데 그것이 곧 비단을 짜는 명주실이다. 명주실이 다 풀리게 되면 마지막엔 뜨거운 물에 잘 삶긴 구수한 냄새 풍기는 누에 번데기만 남게 된다. 어릴 적 필자의 집에서는 이 작업을 할머니께서 주로 하셨는데 동네 아이들이 몰려들어 뜨거운 물에서 나무젓가락으로 건져 던지는 이 누에 번데기를 서로 가지려고 야단법석을 떨었다. 그 때 변변히 단백질 섭취도 어려운 시절에 중요한 영양 공급원이었던 셈이다. 지금 아이들이 잘 먹고, 어른들은 맥주안주나 통조림 상품으로 만들어 반찬으로 즐겨 먹던 그 번데기다.

뽕나무는 예로부터 그 약효로 사람을 살리는 하늘이 내린 신목이라 해도 과언이 아니었으며 가뭄이나 기타 재해로 인해 곡식이 끊겼을 때 연명하게 해주었던 구황작물이었고 지금은 그 약효가 입증된 나무로 각광을 받고 있다. 900여 년 전 윤관 장군의 뽕나무 시(詩) 이전에도 뽕나무는 그 끈질긴 삶을 우리 민족과 함께 해오면서 많은 혜택을 사람에게 베푼 그야말로 고마운 나무이다. 실크로드의 그 긴 역사도 이 나무에서 시작되었고 비단 옷에 금침 보료에 부귀영화의 꿈을 실어 펴게 한 것도 바로 이 나무가 아니고서야 이루어질 수 없는 일이었다. 부의 상징 중 큰 위치를 점유했던 비단의 원천이었다.

어릴 적 필자의 할머니께서는 손수 누에를 키워 실을 뽑아 베를 짜셨고 한 올 한 올 정성들인 그 명주 베를 한 폭씩 떼어 식구들의 목도리를 만들어 주셨다. 엄동설한에도 이 명주 베 목도리를 감으면 감촉이 좋았을 뿐만 아니라 그리 따스할 수가 없었다. 그리고 명주수건으로 얼굴을 닦으면 피부가 고와진다면서 집안 처자들에게는 수건을 선물로 내리셨다. 나이가 들면 아무 때나 눈물이 흐를 때가 있는데 이 명주수건으로 눈물을 아무리 닦아 내어도 눈이 짓무르거나 충혈 되는 일이 없었다. 그리고 이불의 안감으로 며느리들에게 나누어 주셨다. 당신이 세상 떠나실 때 입고 가신다며 벌써부터 만들어 둔 죽음 옷을 장롱에서 꺼내어 며느리들에게 설명해 주시던 그 모습을 어릴 때 잠깐 본 적이 있었는데 그 때 필자는 어린 마음에 할머니가 돌아가실 때 입고 가실 옷이라고 해서 눈물이 핑 돌았던 기억이 있다.

윤관 장군의 뽕나무 시 한 편에서 풀려나오는 이 많은 사연들이 누에고치에서 풀려나오는 투명한 명주실 마냥 그 끝이 아득하다. 곧 조부모님과 부모님의 유택을 찾아 벌초를 해야 할 날이 닥아 오고 있다.

(12.8.1)

5부

좀스런 세상을 건너 뛸 수는 없을까

좀스런 세상을 건너 뛸 수는 없을까?

세상살이가 복잡해져 간다는 것 보다는 좀스러워져 간다는 표현이 오히려 솔직할 것 같은 요즘이다. 인구가 많아지니 그 따라 서로들 대면해야 하는 빈도수가 많아지면서 싸움의 빈도도 늘어난 것 같다. 한정된 자원에 많아진 인구들이 먹고 살아 갈려니 자연적으로 티격태격 싸우기 마련이긴 하지만 옛날에는 그냥 이해하고 넘어갔던 이웃 간의 문제들도 요새는 법정으로 가져가기 일쑤다.

세계적으로 인간사의 문제를 법정으로 끌고 가는 데는 우리사회가 상위권에 있다니 그 만큼 우리는 준법정신 강한 나라인가? 반면에 법을 너무 많이 어기니까 법정싸움도 많아지는 것이 아닌가 하는 역설적 추론도 가능해진다. 평생 동안 법정에 불려 다니다가 눈에 핏발 선 채 삶을 마감하는 사람도 있고 법이란 것이 뭔가도 모르지만 순리대로 편안하게 살다가 푸른 하늘 바라보며 곱게 생을 마감하는 사람도 많다.

걸핏하면 법적 대응하겠다는 말이 나오고, 법대로 하라고 뼈있는 말 한 마디 던져놓고 뒤에서는 법을 우롱하는 자들도 많이 나오는 요즘 세상이다. 국민의 대표가 모인 국회에서 조차 폭력과 욕설이 난무하는 무법지대의 난장판을 보고 국민들은 많이 식상해 있다. 세계 어느 나라 국회에서도 좀처럼 볼 수 없는 그러한 상황이 왜 한국사회에서는 자주 일어나고 있는가? 그러한 장면들을 보고 자라는 2세 국민들은 무엇을 배울 것인가? 일본에서 시작하여 세계적으로 자리 잡은 격투기가 한창 인기가 있을 무렵 초등학교에서 조차 "진짜 재미있는 격투기를 보려면 우리나라 국회를 보자"라는 우스갯소리가 있었지만 이것이 과연 웃고만 넘길 일인가? 어떤 의제에 대해서는 토의하여 합의를 도출하고 합의가 안 되면 다수결의 원칙이 민주주의 국가에서 의안을 처리하는 기본 순서다.

그러나 민주주의의 이 기본원칙마저 잘 지켜지지 않아 멱살을 잡고 싸우는 일이 다반사였던 우리 국회였다. 이러한 행태가 사회 전반에 만연이 되어가는 추세이니 참 걱정스러운 일이기도 하다. 그런데 최근에는 국가의 중대한 사안을 두고 다수결로 처리해야할 단계에 반대당에서 물리적인 힘을 행사할 기미가 보이니까 아예 기권을 해버려 다수결 원칙을 무색케 하는 일도 생겼다. 지금 까지 국가대사의 여러 표결과정에서 볼썽사납게 터져 나온 멱살잡이, 주먹다짐, 내동댕이치기, 투척, 투신, 기물파괴 등의 불상사를 막아보려는 충정이 이해가 가기는 하나 중대한 나라 일이 이러한 상황으로 진행되는 자체는 우울하기 짝이 없는 일이다. 이러한 여러 행태를 보다가, 해도 너무 하다 싶으면 아예 무관심 해지는 것이 세상인심이다. 찬성하거나 반대하거나 합의 하거나 다수결로 처리하거나 그 과정에서 대원칙이 무너진 가운데 뭘 하나 이뤄냈다고 한들 누가 인정할 것이며 승자라고 큰 소리 쳐봤자 무슨 대수인가. 이것은 개인의 싸움이나 집단의 싸움이나 다 마찬가지다.

정치적인 문제도 민주주의의 원칙을 무시한 가운데 티격태격하면서 신사답지 못하고 유치하고 좀스럽게 또는 우격다짐이나 반대를 위한 반대에 집착하여 국론을 분열 시키다가 제 때에 민초들에게 필요한 법이나 제도를 만들지 못하여 많은 국민을 황망한 질곡에 빠뜨린다면 그것은 정치라고 하기 보다는 당리당략에 경도된 패싸움의 범주를 넘지 못할 것이다. 그리고 그 피해는 고스란히 국민에게 돌아올 뿐만 아니라 국제사회에서 신인도마저 추락하여 앞으로의 국가 장래도 어두워질 뿐이다. 투쟁일변도로 그것도 실제로 멱살을 잡아 내동댕이 치고 명패를 내던지며 구타하고 투신하며 기물을 파괴하는 행동들은 시정잡배들이나 할일이다.

이것은 민주주의를 표방하는 민주주의 국가의 신성한 국회를 모독하는 행위이며 뽑아서 국회로 보내준 국민을 우습게 보는 행위다. 개인적인 일이나 공적인 일을 처리하는 과정에서 개인이나 단체에서 보인 어떤 행위에 대해서 대다수의 사람들이 보편적으로 우습게 보는 행위를 '누가 뭐래도 나는 이 길을 간다.' 라며 외길로 가는 단체나 사람들이 참 많다. 그러나 그 길이 자기 자신은 물론 주변의 여러 사람이나 국가의 나아갈 길을 가로막고 있다거나 혼란 상태에 빠뜨리는 일은 당연히 접어야 옳다. 그것이 나도 살고 남도 살고 우리 모두가 사는 상생의 원리다.

최근 국내외에서 터져 나온 자연재해를 넘어선 인재나 그 외의 우울한 소식들이 귓전에 맴돌고 뇌리를 스치는 가운데 위에서부터 아래까지 또는 일부 차세대 여린 싹들마저 신선한 푸른빛이 바래가는 신호가 심상치 않은 조짐으로 다가오는 느낌이다.

좀스럽고 짜증스런 일들이 옛날 보다 더 많아진 복잡한 세상을 건너뛰는 방법은 없을까? 있다. 그런 일에 초연해져 발을 들여놓지 않으면 된다. 그러나 그게 쉽지만은 않은 일이다. 영혼을 가진 인간이 했다고는 믿겨지지 않는 충격적인 사건들이 날마다 매스컴을 달구어 그런 일을 바라보는 일이 일상생활의 일부처럼 되어버린 지가 이미 오래이기 때문이다.

정신문명이 물질문명을 따르지 못하는 물신주의가 팽배할 때 벌어지는 현상이다. 인간의 영혼이 삭고 어스러졌을 때 몸은 방향감각 없이 세포분열만 일으키는 생체에 지나지 않는다. 어떻게 사는 것이 진정 짐승과 다른, 영혼을 가진 인간으로 사는 것인가는 각자가 판단할 일이지만 문제는 청소년이다. 적어도 어른이라면 판단 능력이 아직 미숙한 청소년들에게 만물의 영장이 가지는 기본 덕목을 본보기로 보여주고 또 가르쳐야 한다. 청소년은 어른들이 하는 것을 보면서 그대로 따라하는 특성이 있다.

(11.4.16)

갈등(葛藤)

갈등(葛藤)이란 말을 대하면 어쩐지 요즘 세상의 진면목을 보는 것 같고 더 나아가 칡과 등나무가 엉켜있는 혼란한 시각적 상황까지 상상하면 골머리가 더 아파진다. 얽히고설킨 칡넝쿨과 등나무의 그 못된 상황을 보고 있으면 이 땅에 언제부턴가 만연한 이분법의 망령이 검은 연기처럼 스친다. 이 칡넝쿨과 등나무로 별칭 되는 이분법의 상징적인 대표주자들은 크거나 작은 집단들에서 끊임없는 갈등을 몰고 왔다.

이분법적 사고는 세상만사를 둘로 나눈다. 모든 것이 선과 악, 정상과 비정상, 흑과 백, 우리 편 아니면 적으로 구분된다. 그런고로 이분법 논리로는 끊임없는 갈등과 투쟁만 난무할 뿐이다. 민주주의의 미명아래 반민주주의의 행태가 자행되고 평화를 부르짖는 자들이 진정 평화를 깨트리는 등의 행위나 도둑을 지키는 자들이 도둑질을 하는 행위는 이분법 논리보다 더욱 위험한 즉, 이분법 논리의 어느 한쪽 뒤에 또 다른 가면을 쓰고 하는 행위라서 더욱 혼란스러움은 가중된다. 이분법 논리의 갈등은 국내뿐이 아니다.

세계 도처에서 계속해서 테러가 일어나고 사람들이 서로를 죽이고 있다. 죽이는 명분은 생각보다 간단하다. 종교나 사상이니 평화수호니 하고 그럴듯하게 치장하지만 몇 겹의 치장을 지우고 보면 남는 건 서로 많은 것을 차지하겠다는 것이다. 가진 자는 더 가지겠다는 것이고 경쟁에서 뒤처져 가지지 못한 자는 더 가진 것을 같이 나누자는 것이 서로를 죽이는 싸움의 본질이다. 이런 싸움은 끝이 없고 실마리도 풀 수 없다. 인간의 과대한 욕망이 줄어들거나 평정심이 살아나지 않는 한 끝없이 되풀이되는 소모전일 뿐이다. 신성한 목적은 어디로 가고 이전투구의 질곡으로 빠지는, 이른바 갈등의 덩어리에 함께 말려 들어가 빠져 나오지 못하고 일을 그르치고 마는 것이다.

이 상극의 현상은 국운의 쇠퇴를 가져오고 서로를 불신하게 만들었다. 좀 시끄럽다고 느껴지는 곳에 가보면 문제해결을 위한 상생의 기운보다는 상극의 독기가 서린 곳이 많다. 원칙도 체신머리도 없는 끝없는 갈등과 반목이 난무하는 볼품없는 세상이 되어버린 것이다. 오늘의 상황에 갈등을 못 느끼고 사는 사람들에게는 이런 말이 무슨 소용이 있으랴만 적어도 같은 하늘을 이고 같은 땅에 뿌리박고 살며 같은 공기를 나눠 마시고 사는 같은 백성이라면 그 어느 누구도 오늘의 상황에 자유로울 수 없다.

갈등(葛藤)이란 단어는 일이 까다롭게 뒤얽히어 풀기 어려운 형편을 이르는 말임을 모르는 사람은 없다. 갈(葛)은 칡이요. 등(藤)은 등나무이다. 이 두 나무는 같은 콩과 식물로 그 성질이 비슷하다. 잎이나 열매나 꽃을 따 비벼서 냄새를 맡아보면 비릿한 것이나 꽃 피는 모양, 열매가 달렸을 때의 콩깍지 등은 이 두 식물이 같은 족속임을 곧 알 수 있다. 그러나 운명적으로 서로 다른 것이 있으니 그것은 다른 식물을 휘감고 올라갈 때 그 방향이 반대라는 것에 모든 문제가 발생한다. 즉 칡은 오른 돌이 인데 등나무는 왼돌이다. 줄기 머리 부분이 서로 고개를 치켜들고 대치하고 있는 형국을 보면 상극의 위치가 어떤 것임을 곧 깨닫게 된다.

같은 방향으로 회전하는 회전체는 상생의 방향으로 에너지를 서로 주고받으며 진행하지만 반대 방향으로 도는 것은 정 반대다. 서로 넘어뜨리려 하고 어느 한쪽이 에너지를 다 할 때까지 결말을 보려들고 어쩔 때는 공멸한다. 칡넝쿨과 등나무 넝쿨은 서로 고개 들고 대치하다가 마침내 서로 반대방향으로 회전하며 끝없이 제 갈 길을 가게 되는데 나중에는 서로 엉켜서 풀 수 없는 헝클어진 실타래 모양으로 엉켜 있게 된다. 그 모습이 심히 심란하고 처량하기 까지 하다.

내가 살고 있는 집 근처의 어느 음식점 정원에 등나무를 가꾸고 있었는데 그 몇 집 건너 음식점에는 자연의 풍광을 연출한다고 정원에 칡넝쿨을 심어 가꾸었다. 몇 년 후에 서로 엉켜서 보기 싫어지자 두 음식점에서는 할 수 없이 등나무와 칡넝쿨을 뿌리 채 캐어 없애는 것을 보았다. 칡과 등나무의 자연현상에서 인간은 갈등(葛藤)이라는 말을 만들어 냈다. 그리고 그 갈등(葛藤)이라는 것에 스스로 얽어 매여 그것을 풀어내지 못하고 계속 다른 방향으로 끊임없이 갈등(葛藤)하다가 공멸한 경우가 많았다.

지금 우리 시대에 갈등하는 몇 몇 가지 행태들은 참으로 치졸하다. 생산적이고 건설적이고 인간적인 삶의 방향을 잡으려고 선의의 경쟁으로 줄기를 뻗어가는 도타운 삶의 연결이 아닌, 상대를 휘감아 넘어뜨리고, 발목잡고, 좌파니 우파니 편 가르고, 벌건 대낮에 손으로 하늘을 가리겠다고 발버둥 치는 그 치졸함을 일컬음이다. 이 못난 칡넝쿨과 등나무의 싸움을 보는 사람들도 이제 지쳤다. 언젠가 두 뿌리가 몽땅 뽑힐 날이 올지도 모른다. 아니 벌써 뽑히고 있을지도 모른다. 어쩌면 그 뽑힌 자리에 살아 천년, 죽어 천년을 열어갈 주목 한 그루나 천년 금강송 곧은 표상을 심을 수만 있다면 오늘 이 갈등의 타래에 쾌도난마(快刀亂麻)의 결정이 빠르면 빠를수록 좋다.

(11.9.13)

광음(光陰)

참 빠르긴 빠르다. 오죽했으면 세월의 빠름을 광음여류(光陰如流), 광음여전(光陰如箭)이라 하여 흐르는 물과 쏜 화살에 빗대었을까?

몇 년 전 정해년(丁亥年) 그것도 황금돼지의 해가 운세가 좋다고 아가들이 많이 태어났고, 또 작년에는 경인년(庚寅年), 그것도 60년 만에 오는 백호의 해라고 해서 또 그런 일들이 있었다. 그렇게 꿈도 많았던 해도 광음이 되어 사라져 갔고 신묘년(辛卯年) 토끼의 해 역시 신묘한 일들을 많이 남기고 이제 그 역사의 뒤안길로 사라지려 한다.

임진년! 우리 역사의 임진년 중, 임진왜란이 일어났던 서기 1592년은 조선의 역사에 크나큰 시련의 해였다. 다시 1597년 정유재란을 일으킨 그들이 1598년 물러가기까지 7년 전쟁이라 일컫는 이 역사의 한 페이지 마지막 장면은 민족의 시련을 넘어 실로 유장하기까지 한 이순신 장군의 노량대첩이 큰 빛을 발하고 있다. 국토를 유린하고 자기 나라로 돌아가려는 적들을 그냥 돌려보내지 않으리라는 구국충정은 노량 앞바다의 드센 물결처럼 민족의 가슴을 적시며 흘러갔고 이제 다시 420년 만에 그 임진년을 맞으려 하고 있다.

세계 경제대국의 반열에 그 이름을 올려놓은 대한민국의 배는 순조로운 항해를 계속하여 국운을 살리는 일에 매진해야 함에도 안팎 작금의 기상도는 그리 쾌청하지 못함에 다수의 국민은 불안하다. 그 불안의 언저리에는 며칠 후면 닥아 올 임진년이란 좋지 않은 불길함의 역사가 존재해 있음을 간과할 수 없다. 경제가 망가져 신용불량 국가가 된 유럽 여러 나라들은 거의 모두가 포퓰리즘 망령의 어두운 그림자가 짙게 드리워져 있음을 생각해 볼 때 우리라고 그 전철을 밟지 말라는 법이 없다.

포퓰리즘은 '민중주의'라고 번역되기도 하지만 엄밀한 의미에서 민중을 위한다기보다는 '민중'을 빙자하거나 사칭한 엉터리 이데올로기에 가깝다고 할 수 있다. 정상적인 정신세계에서는 별로 달갑지 않은 이 망령의 폐해를 거의 잘 알고 있음에도 이것을 쫒는 이유는 공짜의 그 달콤함에 있다. 공짜를 좋아하지만 대가없는 공짜는 결코 없다. 한 번 맛본 공짜의 맛은 잊을 수가 없고 결국 공짜 이전의 상태로 돌아가지 않으려는 타성이 붙게 마련이고 더 많은 공짜를 원하게 된다. 지금 경제가 망가져 국가 부도의 위기에 허덕이는 나라들은 그들 나라의 정치가가 이런 공약을 남발한데 그 원인을 찾아 볼 수 있음을 볼 때 우리도 강 건너 불구경할 처지가 못 된다.

정신을 가다듬어야 할 때임에도 정치권과 각계각층에 만연된 이기주의의 비린 투망질들은 그 탐욕의 끝이 보이지도 않는다. 도저히 있어서는 안 될 일들이 자행되고 법도도 무너져 내려 만신창이가 된 그 탁한 공기 속에 선량한 양심세력들은 이제 그들 모두를 버리려 하고 있다. 술도 썩고 부대도 망가졌음을 탄식하는 선량한 백성들이 모든 총체적인 것을 싸잡아서 버리려 하고 있다.

(11.12.13)

가장 잔인한 전쟁

세계 5위의 곡물 수입국인 대한민국은 이제 큰 걱정꺼리 하나가 생겼다. 세계 최대 곡물 생산국인 미국과 구소련 지역의 심각한 가뭄 등으로 곡물 생산이 줄어들었기 때문이다. 벌써부터 국가별로 비상이 걸려 곡물가가 요동치고 있다. 세계 5위의 곡물 수입국인 대한민국으로선 그 심각성이 더욱 클 수밖에 없다. 쌀을 주식으로 하는 우리로서는 당장 기근 현상을 가져오지는 않겠지만 문제는 대량으로 소모되는 밀과 콩류다. 콩과 밀은 자급자족이 되지도 않겠지만 우리 국토에 갑자기 재배를 늘리는 것도 어려운 게 사실이다 쌀도 이미 경쟁력을 잃어 국내 생산을 늘리기도 어려운 실정이지만 농사지을 사람도 많지 않다.

설상가상으로 농사를 지어봐야 별 소득이 없어 농촌을 떠난 이농현상이 심화된 것은 이미 오래전의 일이다. 조상대대로 농사를 짓던 문전옥답들이 아파트 부지가 된 곳이 많고 공원으로 탈바꿈 하였거나 농사를 짓지 않아 황무지화 된 곳도 많다. 이미 오래전부터 공동화되기 시작한 농촌에 가보면 젊은이들이 별로 없다. 가임 연령이 적어진 농촌은 아이들이 태어나는 수도 적어 학교도 나날이 폐교되는 실정이다.

귀농과 귀촌을 위하여 각 지자체에서 안간힘을 써보지만 이것도 한계가 있을 수밖에 없다. 이제 어떻게 할 것인가? 온난화로 인한 지구환경의 변화는 이대로라면 2030년경에 지구의 절반이 사막화 되리라는 전망이 이미 나와 있다. 앞으로 곡물 가는 치솟을 수밖에 없고 외국에서 엄청난 양의 곡물을 비싸게 사들여야 할 우리로서는 시름이 더 깊어질 수밖에 없는 것이다.

곡물의 품귀현상으로 이 지구상에는 사람이 굶어 죽는 일이 많아졌다. 특히 아프리카 최빈국들의 상황은 참혹하리만치 그 상황이 심각하다. 과학이 발달되면서 편리한 것이 많아졌다고 하지만 그 편리한 만큼 쏟아낸 각종 배기가스와 환경호르몬, 프레온 가스, 각종 쓰레기 등은 지구온난화를 가져와 각종 동식물은 물론 인간의 생존을 위협하기에 이르렀다. 우리로서는 지금이라도 식량에 대한 대책을 세워야 한다.

미국이 콜로라도 강물을 막는 글렌 댐으로 엄청난 수력발전을 하는 외에도 사막을 옥토로 만들어 세계 최대 농업국이 되는데 기여하였고, 우리도 비교적 가뭄 등에 견딜 수 있는 천혜의 환경을 가진데다 여러 곳에 댐을 건설하였고 최근엔 4대강 사업을 거의 마무리하여 국토의 물그릇이 커진 만큼 가뭄과 홍수를 조절함은 물론 농사에 절대적으로 필요한 저장 상태의 물을 많이 확보하였으니 유사시 우리 국토 안에서 우리가 먹고 살 수 있는 각종 곡물을 재배 확보할 수 있는 길을 열어두어야 한다.

하지만 농사 기술이 하루아침에 습득되는 것이 아니고 황폐화된 농토를 당장 옥토로 바꾸는 것도 쉽지 않다. 더구나 농사짓던 문전옥답에 아파트나 공업시설이 들어선 지금의 상황은 비상시 운신의 폭이 넓지 않다는 사실이다. 먹을 것에 대한 것은 인간의 1차 욕구의 저급한 것이지만 그 것이 생명을 이어가는 원초적 욕구이기에 누구도 이 욕구를 건너 뛸 수 없다. 먹을 것이 없어 죽음에 이를 지경이 되면 죽음을 그대로 받아들이는 지극히 인간적인 사람도 있겠지만 눈에 보이는 것이 없어지는 사람이 더 많을 것이다. 사흘 굶으면 도둑 안 되는 사람이 없다는 우리 속담이 있다.

식량에 대한 절체절명의 상황은 생각하기도 싫은 무서운 것이며 식량의 무기화는 이 세상의 끝을 보는 가장 잔인한 전쟁이 될 수도 있다. 만물의 영장이라는 인간이 먹을 것에 굶주려 허덕이는 꼴을 생각해 보라. 그것만큼 잔인한 일이 어디 있을까? 곡물가의 폭등으로 브라질, 멕시코 등에서 2008년 폭동이 발생한 전례가 있다. 지금 이 시간에도 아프리카 빈민국에서는 식량을 구하지 못해 많은 사람들이 기아선상에서 허덕이며 죽어가고 있다.

배부르고 좋을 때야 국가 간의 평화가 유지되지만 그렇지 못하면 식량을 확보하려는 자구노력이 서로 충돌현상을 보이다가 나부터 살고 보자는 생존의 전략으로 급선회 할 수 도 있고 식량으로 또 다른 것을 확보하려는 식량의 무기화가 대두 될 수도 있으며 급기야는 무력충돌의 전쟁이 발발하리라는 상정을 해보는 것이 그리 어려운 일이 아니다. 인류 역사를 통해 가장 최상급의 첨단 과학시대에 우리가 살고 있다고 자부하고 있다. 하지만 생각하기에 따라서는 가장 잔인한 전쟁이며 가정 저급한 전쟁이라 할 수 있는, 먹을 것에 대한 전쟁이 걱정되는 시대에 살고 있다면 지나친 기우일까? 우주를 향하는 첨단 과학 시대에 먹을 것을 걱정해야 하는 참담한 상황이 오고 있으니 꼭 기우인 것만 아닌 것 같다.

(12.8.19)

임진년 긴 그림자

임진년(壬辰年)이 저물어 가고 있다.

연초에 흑룡의 해가 돌아 왔다고 별의 별 말들이 떠돌았다.

역서에 따르면 갑진년은 청룡이요, 병진년은 붉은 적룡이며 무진년은 황룡이고 경진년은 백룡이라고 했다. 임진년은 흑룡이라고 해이 해에는 흑수를 끌어들인 잠룡들이 승천하기 위해 몸부림 쳐 용틀임이 일어나기도 하고 물이 범람해 세상을 혼란스럽게 한다고 했다. 우리에게 역사적으로 볼 때 임진년은 혼란과 국난이 자주 일어나 시체가 산과 들에 가득하고 피가 강과 바다를 물들였다.

1232년 임진년에는 몽고의 2차 침입을 견디다 못해 고려 고종이 개경에서 강화도로 천도하는 치욕을 겪었고 나라가 지켜주지 못하는 백성들은 외세의 침탈에 짓밟히고 도륙이 되어 그야말로 고난의 삶을 이어가야 했다. 1592년엔 임진왜란이 일어났다. 임진왜란이 우리역사에 남긴 상흔은 너무 컸다. 반만년 역사의 문화 유적이 초토화 되었고 짓밟힌 민족혼은 반만년 역사의 뒤안길에서 통곡했으며 외세를 이겨내지 못한 그 치욕이 천추의 한으로 남아 있다.

1950년 임진년에는 김일성의 남침이 있었다. 국력을 키우지 못한 조선이 결국 일본에게 먹혀들어가 36년간의 침탈을 당하고 외세의 힘으로나마 해방이 되어 신생 민주국가로의 걸음마를 시작하기 5년 만에 또 동족상잔의 쓰라린 6.25 동란은 또 한 번 한 반도를 초토화 시켰고 그 상처는 아직 아물지 못하고 있다.

이렇듯 임진년에 일어난 외세의 침입과 환란은 우리 역사를 오욕과 수모로 기록해 놓았고 국토가 초토화되었으며 백성들의 울부짖는 통곡은 연옥을 방불케 했다.

올해 임진년에 일어난 여러 일들을 반추해 보면 여러 불길한 징조들이 뇌리에서 지어지지 않는다. 여러 패로 나뉘진 국론 분열의 구호가 난무하는가 싶더니 크나큰 국난의 위기가 나타날 때마다 그 쏟아내는 말들은 국가를 위한다기 보다는 적을 이롭게 하는 말들이 우국충정으로 살아가는 많은 국민들을 아연실색케 했다. 민주주의를 부르짖던 자들이 민주주의의 가장 기본적인 근간을 흔들어 짓밟아버리고 그들이 뿌려놓은 오물냄새는 지금까지도 지워지지 않고 있다.

쓰라린 과거를 다시 되풀이해서는 안 된다. 그 전철을 밟아 다시 질곡으로 나가떨어진다면 인간으로 태어나 바보소리를 들을 수밖에 없다. 정신이 깨어 있는 국민이 국가를 위험에서 구할 수 있다. 그저 아무렇게 살고 아무렇게 말하지 말자. 지금 도처에 깔려있는 개념 없이 나도는 실없는 허깨비들에게 홀린다면 세상 태어나 그처럼 불행한 일이 또 있을까? 임진년이 남긴 역사의 교훈을 통찰하고 이러한 전철을 밟지 않도록 우리 스스로가 우리를 지키는 일에 나설 수밖에 없다.

임진년 저무는 한해의 그림자 길이가 너무 길어 보인다. 이 불길한 어둠의 긴 꼬리를 이쯤에서 끊어야 한다. 그 어둠의 꼬리를 계사년까지 끌고 가기엔 앞으로 해야 할 일이 너무 많지 않은가.

(12.11.25)

6 부

유배(流配)의 고도(孤島)에서 시혼(詩魂)을 부르다

유배문학의 두 큰 별

우리 남해에 적객으로 와서 유배문학을 남기신 분은 여섯 분을 꼽을 수 있으니 자암 김구 선생, 약천 남구만 선생, 서포 김만중 선생, 소재 이이명 선생, 후송 유의양 선생, 태소 김용 선생이다. 이 여섯 분의 업적들 중, 조선 성리학의 중추를 이루는 분들로, 정치일선에서도 훌륭한 업적과 충절의 모범을 보이시며, 가장 먼저 실사구시의 정신을 존중하신 분으로는 아마도 서포 김만중 선생과 소재 이이명 선생이 아닌가 생각된다.

특히 이이명 선생의 문집인 '소재집' 에 서포 김만중 선생과의 애틋하고 도타운 인연이 닿아있는 '매부(梅賻)' 를 남김으로써 유배문학관을 보유하고 있는 남해인들은 무엇보다도 인문학적인 면과 국문학적인 면에 더 큰 관심을 가져야 할 것 같다.

이러한 실사구시의 정신의 발현으로 서포 김만중 선생은 우리나라 국문학에 큰 족적을 남기시었고 소재 이이명 선생은 천주교를 역사적으로 우리나라에 처음 소개 하는 등 서양의 앞선 문물을 들여와 우리나라의 선진화를 위한 노력에 많은 힘을 쏟으셨다. 특히 소재 이이명 선생은 남해에 두 번씩이나 유배되어온 인물로서 이 곳 사람들과는 크나큰 인연을 맺고 호흡을 같이 하면서 많은 추앙을 받던 인물이다.

역사에서 가정이란 것은 큰 의미가 없는 일이지만 이분들과 그 자손들이 기사환국, 신임사화로 누명을 쓰고 참화를 당하는 일이 없었다면, 우리나라에 실학적 사고와 서양문물의 도입은 더욱 빨리 이루어 졌을 것이니, 나라의 늦은 개화로 인하여 열강의 틈바구니에서 약소국의 설움을 당하지 않았을 것이며 구한말 일본에게 국권을 침탈당하여 36년간이나 나라 잃은 뼈아픈 설움이 닥치지 않을 수도 있었겠다는 생각이 든다.

사사로이는 장인과 사위의 관계이기도 하지만 그 시대 당쟁의 역사에서 항상 정의의 편에서 선비정신을 죽음으로 지켰던 충절의 인물이었기도 한, 두 분은 우리 고장 남해와 특별한 인연을 가진 당대의 걸출한 인물이었다. 서포 김만중 선생이 남해의 유배지에서 생을 마감한 그해, 소재 이이명 선생이 남해로 유배 왔다. 그러나 이미 서포 김만중 선생의 널은 북으로 떠난 뒤였고 적소에는 서포 김만중 선생이 심어 가꾸었던 매화 두 그루만 주인을 잃고 쓸쓸히 죽어가고 있었다. 이 매화나무 두 그 루를 거두어 살려 키우면서 매부(梅賻)를 지어 소재집에 남긴다.

봉천사 묘정비에 새겨져있는 소재 이이명 선생의 빛나는 업적은 정녕 보국안민의 거울이 되어 오늘에 더욱 빛나고 있다. 더구나 남해읍 죽산 마을의 동쪽 봉천변에 마련된 그의 적소에 후학들을 가르치면서 처음 편액 할 때 '지감재(止坎齋)' 라 하였는데 이는 전한(前漢) 시대 유명한 시인이며 정치인이었던 가의(賈誼)가 장사(長沙)에 귀양 가서 쓴 '복조부(鵩鳥賦)' 에 나오는 말을 취하였다고 봉천사 묘정비에 기록되어 있다.

두 번째로 귀양 와서 다시 그 적소에 '습감재(習坎齋)' 로 새롭게 편액하니 다시 남해의 유생들은 물론 인근의 진양 사천 유생들이 '습감재(習坎齋)' 에 들어와 소재 이이명 선생에게 가르침을 받고자 하였다. 일찍이 서포 김만중 선생과 함께 후에 실학사상이라 할 수 있는 실사구시의 정신을 지녔던 소재 이이명 선생은 이 고장의 농민과 뱃사람들은 물론 불량배들까지도 교화하는 당시 성리학의 공리공론이 세상을 지배할 때 좀처럼 시도하기 힘든 민초들에게의 교육 사업에 열과 성을 다하였다.

당시의 당쟁은 각종 고변으로 반대파를 도륙하는 일에 혈안이 되어 민생과는 전혀 다른 피바람을 많이 일으키던 숙종 시대를 전후한 사색당파의 시대였다. 이 당파싸움에서 아까운 인물들이 많이 희생되었는데 소재 이이명 선생도 그 중의 한 분이었다. 소재 이이명 선생을 고변한 목호룡은 무고한 고변의 죄로 국문을 당하던 중 죽었고 무고를 주장한 김일경도 당고개에서 참수를 당하였다.

소재 이이명 선생은 서포 김만중 선생이 노도 적소에서 키우던 매화 두 그루가 죽어감에 이를 거두어 소재 선생의 적소인 봉천 지감재(止坎齋)에 옮겨와 심어 살렸으며 꽃이 피게 하고 열매를 맺게 했다. 그리고 이를 감응(感應)의 이치로 여기면서 매부(梅賦)를 지어 칭송하였다. 저 먼 명부의 별에서 서포 김만중 선생은 소재 이이명 선생의 매부를 읽고 계실까? 아니면 나란히 같이 앉아 같은 남해 땅인 노도와 죽산 봉천사이에서 이루지 못한 해후를 안타까워하며 세월을 건너 뛴 그 옛날 지척의 징검다리를 놓고 계실까?

오늘도 노도의 벼랑 끝 파도는 한 많은 유배객의 못다 한 충언인양 노도의 가슴팍을 무섭게도 때리고, 봉천의 습감재에 깃들인 매화 두 그루의 소식을 들으려는 듯, 앵강만과 강진바다의 도도한 일렁임으로 봉천물을 거슬러 오른다. 그리고 소재 선생의 혼백은 유유히 배타고, 매화꽃잎 어리는 봉천의 물을 밀어내며 매화 꽃 수놓은 비단 폭에다 혈서처럼 새겨 넣은 매부를 품속에 품고 봉천을 흘러 강진바다로 마중 나간다.

(11.7.24)

영유시(詠柚詩) 읊는 이 봄날에

서울의 아파트 베란다에 유자꽃 향기가 있어 고향의 유자꽃 피는 언덕을 생각하며 몇 자 적어본다. 지금은 32살 막내아들이 초등학교 때 고향에서 외할머니 외할아버지께서 보내주신 유자 한 알을 어린 마음에서 우러나오는 순수한 마음으로 흙으로 돌려보내서 싹을 틔우고 열매 맺게 한 사연이 있다.

할아버지와 할머니께서 보내주신 고향의 유자를 싹 틔어 보겠다는 어린 마음이 갸륵하여 그 정신을 높이 샀기에 이런 이야기도 이어 가고 싶다. 지금 생각하면 몇 번의 이사 중에도 이 녀석이 자기가 심은 유자 한 나무를 꼭꼭 챙겨 다녔다는 것은 아무리 어린 초등학교 시절이지만 마음 한구석에 부모님의 고향이며 형과 누나와 자기의 고향에 대한 나름대로의 맥을 이어가려는 그 무엇이 있었지 않았나 하는 생각을 하지 않을 수 없다.

이 유자나무가 열매를 달기까지의 역경과 어린 녀석의 그 고사리 손이 아비에게 고향의 향기를 먼먼 타향에까지 뿌리 내리게 한 그 정신을 높이 사는 것이다. 유자가 꽃을 피우고 열매를 단 그 사연이 하도 파란만장하고 식물학적 관점에서 특이한 점이 많고 접붙이지 않은 토종의 보존이라는 차원에서 그 사연을 소개드린다.

위에서 말한 유자 한 상자의 이야기는 26년 전으로 돌아가야 한다. 고향에서 씨알이 굵고 유자 특유의 곰보가 일품인 유자 한 상자가 올라왔다. 꼭지에 유자 특유의 새파랗고 빳빳한 잎 새를 한두 개 붙여 보낸 유자들은 그 청초한 모습도 모습이려니와 그 아련한 유자 향기에 취해 가족들은 고향자랑으로 밤을 새다시피 했다. 유자, 치자, 비자가 자라는 곳, 겨울에도 파란 풀이 들판에 솟아 대지의 실핏줄이 흐르는 곳, 북쪽에서는 백설이 휘날려 온 산천이 꽁꽁 얼어붙어 있을 때도 이곳에서는 붉은 동백꽃이 정열을 쏟아 내는 곳……. 아무튼 그 날은 그렇게 지나갔다.

그해가 지나고 이듬해 봄, 아파트 베란다의 화분 중에서 평소에 보지 못했던 조금은 이상하게 보이는 싹들이 쏘옥쏘옥 머리를 내밀고 있음을 발견했다. 잎을 만지작거리는데 유자나무 특유의 냄새가 코를 찔렀다. 가족들이 고향에서 올라온 유자 한 상자에 매료되어있을 때 초등학교에 다니던 막내가 유자 한 알을 살며시 가져다 흙속에 묻어 놓은 것이었다. 까닭을 물었더니 외할머니 외할아버지께서 보내주신 그 소중한 유자를 싹틔워 보고 싶었다는 것이었다. 어린 나이에 그런 마음가짐이 너무 기특하여 잘 키워보라고 했으나 거의 불가능에 가깝다고 생각하고는 그 뒤에 관심을 두지 않았는데 이 녀석은 이사를 다닐 때마다 그것을 할아버지 할머니가 주신 고향나무라며 아주 소중히 가지고 다녔다.

어디 그 키 큰 유자나무가 화분에 자랄 나무던가, 덩치가 커 갈수록 가시는 날카롭게 자라나고 건사하기에 힘들어졌다. 남해 유자가 좋다는 말은 들었는지 아파트 내의 지인 들이 자꾸만 분양해 달라고 하니까 이 녀석은 두말 않고 그 사랑하던 나무를 분양해주기 시작했다. 제일 먼저 아파트 경비원 아저씨한테 한 그루를 드렸다. 이유인즉 자기 아빠와 엄마처럼 경상도 말을 쓰니까 어딘지 모르게 친근감이 가는데다가 평소 화단정리를 하며 나무를 잘 보살피는 것을 보아왔으며 아파트에서 제일 부지런하다는 것이 그 이유였다. 또 두 그루는 아파트 안에서 아빠와 호형호제하며 지내는 두 아저씨께 분양하고 싶다고 했다. 이럭저럭 제 나름대로 분양조건을 내세워 다른 몇 그루도 분양을 다 마치고 한 그루만 뎅그렇게 남겨놓고는 이 한 그루에 온갖 정성을 쏟았다. 그 정성이 하도 갸륵하여 우리 부부는 유자나무가 커 갈 때마다 자꾸만 큰 화분을 사다가 옮겨 심었다. 아파트의 베란다 천장에 나무 꼭대기가 닿았으나 적당한 전정으로 해결하였다.

커 가는 나무를 바라보며 막내는 우리에게 물었다. 유자는 심은 지 몇 년이면 열매를 다느냐고. 우리는 우리가 어렸을 때 우리의 할머님이나 부모님께 들은 대로 유자는 씨를 심으면 자기 당대는커녕 아들대에도 못 따먹고 손자 때에나 따먹는 거라고 일러 주었다. 이렇게 세월이 흘러 그 초등학교의 막내가 대학에 들어가고 중간에 군 입대를 한 2001년 봄에 베란다에서 빨래를 늘고 들어오던 아내가 지극히 담담하게 유자꽃이 피었다고 알려주었다. 나는 믿으려 하지 않았다. 그러나 하얗게 피어 진한 향기를 내뿜고 있는, 그것도 수 백 송이를 넘는 그 유자꽃을 보고는 유자나무에 대한 어릴 적 나의 신화가 무너져가고 있음을 확인해야만 했다. 접목을 한 것도 아닌 실생묘에서 그 것도 화분에서 꽃을 피우다니 참으로 신기한 일이었다. 남해와 이곳은 위도 상으로 또 얼마만한 차이던가. 꽃은 곧 열매로 이어져야 하는데 벌이나 나비가 없는 이 도시의 베란다에서 그냥 시들고 말겠지 하고 생각하다가 이상한 감정이 생겨났다.

머나먼 고향땅 남해에서 이 북쪽으로 실려와 살과 껍질과 향기는 사람에게 바치고 쓸모없다고 버려질 뻔 했던 생명의 씨앗이었다. 그런데 그것을 거두어 뿌리내리게 해준 고향 주인에 대한 보답인양 꽃을 피웠다는 것은 보통 인연이 아니라는 생각이 든 것이었다. 나는 곧 사다리를 갖다놓고 부드러운 붓으로 한 송이 한 송이 인공 꽃가루받이를 해주었다. 꽃이 지고 난 다음 신기하게도 모래알만한 것이 달리더니 점점 커가는 것이 아닌가? 그리고는 가을에는 탐스런 유자가 그 작은 나무에서 10개나 붙어있었다.

막내가 먼 강원도 양구 땅에서 군 복무를 하다가 첫 휴가를 왔다. 녀석은 유자를 보더니 감개가 무량한 듯

"아버지와 어머니께서 고향을 너무 생각하시니까 이렇게 당대에도 열매를 달아주네요." 하면서 탐스런 유자를 만지작거리며 환하게 웃었다.

나는 그냥 열매를 달아놓고 겨울을 넘기려 하다가 나무의 세력 유지와 새로운 봄에 또 피어날 꽃을 생각하고 샛노란 유자를 매단 유자나무를 전후좌우로 돌아다니면서 기념 촬영을 한 다음 1개의 유자만 남기고 따주었다.

유자에 대해서 아내가 내게 들려준 이야기는 이렇다.

아이들의 제일 큰 이모(금년 67세)가 어렸을 때 남새밭에서 유자묘를 심었는데 이웃집 아름드리 유자나무에서 채취한 씨로 키운 실생묘였다. 이웃의 그 아름드리 유자나무 역시 접붙이던 기술도 없던 아주 오랜 시절부터 있어왔던 고목나무였음에 유자 원종이 분명했다. 이모가 심은 그 나무가 어느 정도 커지자 장인어른께서는 지금 심어서 손자 때나 따먹는 유자를 왜 밭에 심느냐면서 남새나 심자고 뽑아내셨는데 이모는 나무가 불쌍하다고 다시 심었고 장인어른께서는 또 뽑아내셨고 이렇게 그 유자나무의 운명은 몇 번의 우여곡절을 겪다가 결국 땅에 뿌리를 내리는 쪽으로 결정지어졌다고 한다.

그 유자나무가 장인어른의 손자 때에 결국 열매를 달았고 그 유자 열매의 씨를 또 그 손자가 심어 그것도 서울에서 열매를 당대에 달리게 했으니 그 유자나무의 족보는 이렇게 이어진 것이다. 열 개 중에서 한 개만 남기고 9개를 유자청으로 담아서 시식해 봤더니 일품인 것이 다름 아닌 그 향기와 맛이었다. 탱자나무에 접붙인 유자는 흔히 탱자 냄새가 나고 탱자처럼 너무 산도가 높다는 고향 사람들의 한결 같은 불만이었는데 지금 서울에서 크고 있는 이 유자는 그 탱자의 열성이 섞여있지 않은 듯 하고 불과 십 수 년 만에 꽃이 피고 열매가 달리는 품새가 식물의 돌연변이 형태로의 진전이 아닌가 하는 기대감을 가지기도 했다.

탱자나무에 접붙인 유자는 탱자의 열성이 많이 유전되는데 위에서 말한 향기나 산도가 그렇고 제일 치명적인 것이 뿌리의 성질이다. 원래의 유자 뿌리는 굵고 직근성(直根性)으로 땅속 깊이 파고 들어가 그 영역이 넓다. 하지만 탱자는 천근성(淺近性)으로 그 뿌리가 땅을 깊이 파고들지 못하고 지표에서 생성이 되어 그 영역이 깊고 넓지 못하다. 이 약한 뿌리로는 지상부의 큰 유자 줄기와 가지를 지탱할 수 없다. 탱자나무에 접붙인 유자나무가 수명이 짧은 이유도 여기에 있는 듯하다. 땅속 깊이에 있는 각종 미네랄을 섭취할 수 없는 탱자 뿌리의 한계 때문에 유자 본래의 성질을 그대로 유지하기가 어려움은 당연하다. 식물도 자기가 살기 위해서 변화를 시도할 수도 있을 것이다. 즉, 초기 성장은 탱자뿌리에 의존할 수밖에 없지만 커가는 자신의 줄기를 유지하기 위해서 탱자뿌리에서 자신의 뿌리를 생성하기 위한 시도를 해 볼 수는 있을 것이라고 짐작은 해보지만 이 부분에 대해서는 식물학을 전공하지 않은 필자로서는 뭐라고 결론내릴 수는 없다.

유자에 대해 깊이 연구해보지도 않은 문외한이 유자나무 뿌리에로의 변화시도나 돌연변이 운운할 처지도 못되지만 그건 믿거나 말거나이고 이 글에서는 오로지 이 유자나무가 열매를 달기까지의 역경과 어린 녀석의 그 고사리 손이 아비에게 고향의 향기를 먼 타향에까지 뿌리내리게 한 그 정신을 높이 사는 것이다.

사람도 고향 사람, 나무도 고향 나무, 꽃도 고향 꽃, 풀도 고향 풀, 흙도 고향 흙, 바다도 고향 바다, 노래도 고향 노래가 이토록 수많은 사연들을 풀어내는데 올해도 베란다에서 꽃을 달아준 유자나무 꽃의 향기를 맡으며 글을 쓴다. 그리고 자연의 오묘 불가사의한 섭리를 은연중 느낀다. 사실 최근 2년 동안 유자나무가 꽃을 피우지 않고 겨울에도 잎이 지지 않아 시퍼렇게 붙어 있었는데 이런 현상은 지금의 아파트로 이사를 온 뒤에 생겨났다. 이유인즉 지난번에 살던 아파트는 오래된 후진 아파트여서 단열처리가 잘 안되었기에 아파트 베란다가 추워서 겨울에는 유자나무가 모두 잎을 떨어뜨리고 새봄을 맞아 새로 나오는 잎줄기에서 꽃망울을 달고 꽃을 피우고 열매를 달았는데 새로 이사 온 아파트는 최근에 지은 단열처리가 잘 된 아파트여서 베란다의 기온이 높아 낙엽교목인 유자나무가 잎도 그대로 붙인 채 겨울을 넘겨 버린 것이다.

이른바 낙엽수는 추운 겨울을 겪어야만 화아분화를 일으켜 꽃눈을 만들고 거기에서 꽃을 피우고 열매를 맺는다는 극히 기본적인 자연의 섭리에 순응을 하고 있는데 이 유자나무에서 추운 겨울을 빼앗아 가 버렸으니 화아분화가 일어나지 않고 꽃을 피우지 않음은 당연한 것이다. 마치 겨울보리를 가을에 뿌리지 않고 봄에 뿌리면 꽃이 피지 않고 열매를 맺지 못함과 같다. 그런데 지난겨울은 좀 추웠고 그 바람에 베란다의 유자나무는 창 쪽 기온이 낮은 곳에서 나무의 절반 정도가 잎을 떨어뜨리더니 새순이 돋아나면서 꽃을 피운 것이다. 올해는 유자를 볼 수 있을 것 같다. 올 가을 부터는 좀 차게 해서 유자 잎을 떨어트리는 일을 잊지 말아야겠다. 이 먼 타향에서의 고향 유자나무는 문득 잊고 있었던 자연의 섭리를 이 봄 날에 나에게 깨우쳐 주는 또 하나의 스승이다. 조선 숙종 조에 약천 남구만 선생은 우리 고향에 유배 와서 영유시(詠柚詩) 20수를 남겼다. 그의 영유시 20수 어느 한 수의 서문에 다음과 같은 글이 있다.

“이 지방 사람들의 말을 들으니, 수십 년 전에는 마을의 집에 유자나무가 곳곳마다 숲을 이루어서 매년 가을과 겨울사이에는 유자의 누런빛이 숲에 찬란하여 바라보면 구름 비단과 같았는데. 근래에 마을 백성 중에 유자나무가 있는 집이 있으면 관청에서 장부를 만들어 등재하고는, 가을철 유자가 익을 때에 아전을 보내어 나무마다 숫자를 세어 두었다가 거두어 갔다. 백성들은 이미 아전에게 바치는 비용이 많고 또 관청에 바치는 수고로움이 있으며, 심지어는 혹 숫자를 세어간 뒤에 바람으로 인해 떨어진 것이 있으면 그 주인이 다른 곳에서 사다가 더 보태어서 그 숫자를 채워야 했다. 그러므로 관리와 품관으로서 다소 세력이 있는 자를 제외하고는 모든 하호(下戸)와 백성들은 모두 유자나무 뿌리에 불을 놓고 나무그루를 베어서 그 폐단을 없앴다. 이 때문에 유자나무를 심는 집이 예전에 비하여 십 분의 칠팔 할이 줄어들었다고 하였다. 나는 이 말을 듣고 서글퍼하였으나, 이는 바로 자미(子美)의 시에 '고을 백성들이 소중한 밀감을 중하게 여기지 않음은, 호리의 침해에 핍박받기 때문이라오.' 라는 것이다. 이것을 가지고 백성의 윗사람 된 자들에게 알리고 싶었으나 방법이 없으므로, 인하여 시를 지어 홀로 읊었다."

과도한 납세와 가렴주구로 인하여 백성들이 핍박받은 유자의 사연이 있기는 하지만 300년 훨씬 이전에도 우리 고향 고을마다 유자나무가 숲을 이루고 그 찬란한 빛이 구름 비단과 같았다는 약천 남구만 선생의 영유시를 대하면서 다시 한 번 유자의 전성시대 남해로 돌아갈 수 없을까 하는 생각을 해 본다.

지금 이 곳의 베란다에서 남해 토종 유자의 맥이 이어지고 있음이니 고향 산천에 다시 이 토종유자를 심고 종자를 채취하여 묘목 가꾸는 일을 조용히 구상해 본다.

(12.4.29)

유배(流配)의 고도(孤島)에서 시혼(詩魂)을 부르다.

-남구만의 시조와 이이명의 매부(梅賦)를 중심으로-

1. 詩人은 가끔씩 유배객(流配客)이 될 필요가 있다.

"시세계는 오관(五官)의 세계를 뛰어 넘은 곳, 영감의 세계라고 보는 것이 일반적 견해이다." 유성규 시인님의 말씀이다.

“고향 가는 길이 은하수처럼 멀다. 시간의 여울은 세차고, 영원은 심령의 G 선을 타고 끊일 듯 이어지며 파동 쳐온다. 역사의 밤은 외려 깊어만 가는데,「새벽」을 열 닭의 울음소리는 가뭇없다. 예언자적 지성이 절멸한 ‘가득 찬 빈터’ 이 ‘광야’ 에서 ‘백마 타고 올 초인’ 을 기다리는 사람은 누구인가.” 문학평론가 김봉군 교수님의 말씀이다.

“시는 영혼의 밥이고 누구나 지니고 있는 상처에서 피는 꽃”이다.

정호승 시인이 한 말이다.

“시인에게 고향이란 영감의 젖줄이다. 복숭아꽃 피고 산개구리 우는 풍경 속에서 자연스럽게 시의 언어를 배웠다.” 이 말은 경북 김천에서 태어난 문태준 시인이 한 . 중 작가회의서 남긴 말이다.

“인간과 자연이 멀어질수록 인간성이 소멸할 시간은 가까워진다. 내 시의 주제는 바로 정신적인 고향에 돌아가려는 것이다.” 역시 한. 중 작가회의서 중국 시인 지디마자가 남긴 말이다.

서두에 몇 분의 시인들이 던진 말을 간추려 보니 ‘오관’, ‘영감의 세계’, ‘은하수’, ‘시간의 여울’, ‘심령의 G 선’, ‘가득 찬 빈터’, ‘백마 타고 올 초인, ’ 영혼의 밥 ‘, ‘상처에서 피는 꽃’, ‘고향’, ‘영감의 젖줄’, ‘복숭아 꽃’, ‘산개구리’, ‘정신적 고향’ 이란 단어나 구절이 벌써 심상에 와서 꽂힌다.

오늘의 시인들이 이러한 시어들을 우리들에게 선사하며 우리의 심혼을 흔드는 것처럼, 어쩌면 지금보다 생과 사의 갈림길이 더 가팔랐던, 그러니까 임금 앞에 바른말 한마디 하고 목숨을 내어놓아야 하는 그 추상같은 시대에 그나마 극형은 면했지만 유배생활 도중 언제 사약이 내릴지도 모르는 백척간두 풍전등화의 위기상황을 벗어나려 가장 절실한 초혼가를 부르며 시혼을 불태웠던 사람들은 과연 누구였을까? 이제부터 그들을 찾아가 보기로 한다.

조선 후기 정치가로서, 문신으로서, 효자로서, 소설가로서, 한글애호가로서, 시인으로서, 한 시대를 풍미한 대문호들의 발자취가 그 고뇌스런 일생과 함께 서려 있는 반도 남단 남해는 국문학사에 길이 빛나는 유배문학의 산실이다.

시조 한 편을 떠 올려 본다.

노도 길 푸른 파고 늦 갈빛 만선인 채
물빛 젖은 유형의 땅. 적소(謫所) 하늘 울먹인다
서포의 충효만 깊어 드센 날(刀)을 갈더라

우물터에 남긴 시름 변방 섬도 적막한 듯
찬 바람 절해고도에 동백숲과 유자 향기
서슬이 시퍼런 고절(孤節) 님의 뜻을 전하는가.

한국시조시인협회 회장을 지낸 고 이은방 시인이 남해 노도를 답사하고 읊은 〈노도의 적소에 答함〉이다. 이렇듯 유배문학이나 그 주인공, 그리고 그가 살았던 이곳이 문학의 소재가 되어 그 맥이 시조로 이어지고 있고 700년 전통의 우리의 전통시인 시조를 재조명해 보고 시조 한 편씩을 지어 유배객과 시혼을 교류하며 앞서간 역사적인 문인들의 통고 체험을 해보며 유배객의 심정으로 고도(孤島)어느 벼랑 끝에 서서 먼 수평선을 바라보며 시상에 젖어보는 것도 큰 의의가 있을 것이다.

이 글의 주제가 바로 '유배(流配)의 고도(孤島)에서 시혼(詩魂)을 부르다.' 이기에 서포 김만중 선생과 연결된 이은방 시인의 '노도의 적소에 答함' 시조 한 편을 떠 올려 본 것이다.

(1) 남해에 유배 문학을 남긴 유배객

2010년도에 발간된 남해군지에는 조선시대 남해로 유배된 인물은 200명 이상으로 판단된다고 했다. 이 들은 유배가 풀린 사람도 있었지만 더러는 이곳에서 생을 마감하였다. 남해의 유배객 중 남해에서 문학 작품을 남긴 문학가는 모두 6명이다. 자암집에 화전별곡 등 수 많은 시를 남긴 자암(自菴) 김구(金絿)를 필두로 구운몽과 사씨남정기라는 불후의 명작 소설과 어머니를 위한 시를 남긴 서포(西浦) 김만중(金萬重), 망운산과 금산에 올라 고향을 그리는 시를 남긴 약천(藥泉) 남구만(南九萬), 장인 김만중을 생각하며 매부(梅賦)를 쓴 소재(疎齋) 이이명(李頤命), 남해의 풍속을 담은 기행문인 남해문견록을 쓴 후송(後松) 유의양(柳義養), 태소집에 금산을 비롯한 수많은 시를 남긴 태소(太疎) 김용(金容)이 있다. 여기에서 최근 향토사학자의 연구에 의해 태소 김용은 남해에 유배된 일이 없다는 것이 발표되었고 남해유배문학관은 이를 인정하기에 이르렀으며 남해유배문학관의 유배문학실의 태소 김용 관련 부분은 모두 삭제되었다. 따라서 수변공원에 있던 김용 선생의 문학비는 소재 이이명 선생의 문학비로 교체되었다. 하지만 김용 선생이 태소집에 남긴 주옥같은 시들을 그냥 묻어두는 일은 없어야 할 것이다. 그런 의미에서 그의 작품을《남해안 시대》에 소개하였고 여기서는 생략한다. 더구나 태소 김용 선생이 남해에 유배 왔다는 이전 연구자의 연구에 의해 그 전모를 세상에 발표하고 이를 인정받아 남해군지에도 수록되었다. 이른 상황이라면 이전 연구자는 더 확실한 연구 자료를 제시하여 재반론 발표가 없으리란 법은 없다. 필자 개인의 생각으로는 이 상황에서 남해에 문학 작품을 남긴 유배객이 한 명 줄어들어 당장 5명이라고 하기에는 좀 그렇다. 남해에 유배 온 인물이 200명 정도이니 이분들의 후손들을 찾아 가문에서 내려오는 유고집이나 또 다른 서책과 잊혀진 역사를 현실에 안주하지 말고 지금보다 더욱 탐색해 본다면 유배문학에 새롭게 등재될 작품이 없으리란 법도 없다. 이미 남해유배문학관에서 하고 있는 일이지만 유배문학을 한편이라도 더 많이 찾아내는 일에 주안점을 두어야 할 것 같다.

남해에서 문학작품을 남긴 여러 명의 유배객 중에서 문학작품에 있어서는 단연 서포 김만중이 어느 유배객보다 위상이 높으나 다양한 계층과 접촉하면서 습감(習坎)이라는 서당을 지어 학문을 가르칠 정도로 인문학적 큰 족적을 남긴 이는 소재 이이명이다. 그의 문집 소재집(疎齋集)에 들어있는 유배문학 작품 매부(梅賦)와 남해에 남긴 그의 인문학적 족적은 다음 장에서 자세히 다루기로 한다.

소재 이이명 선생의 큰 사상과 가르침을 적은 봉천사 묘정비가 큰 우여곡절을 겪으며 지난 2011년 12월 봉강산 자락에서 남해유배문학관 야외공원에 옮겨졌다. 봉천사묘정비의 이전을 시작으로 선생의 유배작품인 새로운 매부(梅賦)가 발견되어 다음 장에서 소개하려고 한다. 바야흐로 소재 선생의 또 다른 진면목이 유배문학에 더욱 빛난다. 이를 계기로 다른 모든 분들의 작품이 많이 발굴되기를 기원하는 바이다. 원래 《남해안 시대》에 발표된 글은 한국시조문학사에 있어 국민시조 대표작으로 평가되고 있는 약천 남구만 선생의 '동창이 밝았느냐 노고지리 우지진다' 에 대한 새로운 학설을 중점적으로 다루었고 그 외의 다른 분들의 시문과 국문학적 업적에 대해서는 시인은 물론 관심있는 모든 분들이 고도(孤島)에 유배(流配)되었다는 통고 체험의 심정으로 그들의 시혼(詩魂)속으로 들어가서 자세한 그분들의 업적과 그분들의 작품을 소개하고 아울러 필자는 시조 한 편씩을 지어 그들의 영전에 바친바 있지만 너무나 방대한 양이어서 여기서는 생략한다.

소재(疎齋) 이이명(李頤命)

봉천사와 봉천사묘정비에 살아 숨 쉬는 이이명 선생의 혼

습감재(習坎齋) 님의 뜻을 받들어 모셔 옴은
연대는 흘러가도 빛과 소금 그대로라
혼미한 안질의 세상 씻어 볼까 합니다.

뱁새의 소란함에 대붕 노래 못 들으니
주청(奏請)의 님의 음성 낭랑한 바람소리
봉천사 옛터에 들어 닫힌 귀를 엽니다.

버려질 몹쓸 것들 냄새는 더 역겨워
흘러간 매향 찾아 당산에 올라보니
매부에 서포 소재의 매향 피어오릅니다.

소재 이이명은 장인인 서포 김만중이 남해 노도 적소에서 생을 마감한 그해 이곳으로 유배 되어 와서 매부(梅賦)를 남겼다. 이이명은 관직에 머무르면서 백성을 위하는 마음이 지극하였는데 숙종12년(1686) 9월 27일에 나라에 큰 흉년이 들어 백성들이 궁핍할 때 이이명이 임금에게 "농사가 흉년이 든 점을 아뢰고 분재(分災)하여 주기"를 청하였으며 또 아뢰길 "이렇게 큰 흉년을 당하여 깨우칠 만한 비상 대책을 실시하지 않을 수가 없습니다. 위로 종묘와 백관의 경비라든지 승여(乘輿) 복건의 비용과 기타 긴요치 않은 물목들은 정밀하게 필요한 거산을 선택하고 나머지는 우선 절감해야 실질적인 혜택이 백성에게 돌

아갈 것입니다" 하니 임금이 말하기를 "아뢴 것이 진실로 옳다" 하였다. 이처럼 백성들의 평안을 위해 정성을 기울인 충신이며 정치가며 학자였다. 이러한 이이명은 1689년 기사환국의 정변으로 영해에 유배되었다가 1692년 숙종 18년 남해로 이배되었다. 2년간에 걸쳐 남해에서 귀양살이를 하면서 인근 향사들에게 충신효제(忠信孝悌)의 길을 가르쳤으며 숙종 20년 갑술옥사로 남인이 실각되자 풀려나와 호조 참의로 재기용 되었다. 이어 강화부유수를 거쳐 동 24년 대사간이 되었으나 형 사명(師命)의 죄를 변호하다가 공주로 다시 유배되었다. 이듬해 유배에서 풀려나온 그는 형조 예조참판을 거쳐 대사헌판의금부사 등 높은 벼슬을 역임하였고 1720년 숙종이 승하하자 복고사(卜告使)로 청나라에 파견되기도 했다. 노론 4대신의 한 사람으로서 세제 영조의 대리 청정을 주청하여 이를 실현케 하였으나 소론의 반대 탄핵으로 그 결정이 철회되고 관직을 박탈당하고 남해로 두 번째 유배되었다. 이때도 그를 추앙하는 원근 향사와 사림들이 구름같이 모여들어 가르침을 받고자 하였다.

다 아는 바와 같이 그 시대의 당쟁은 피도 눈물도 없었고 체면도 도덕성도 없는 잔인무도하고 악랄한 이전투구의 양상이어서 그 회오리 속에서 참으로 아까운 인물들이 목숨을 잃거나 고초를 당하였는데 소재 이이명 역시 그러한 인물이다.

두 번째 남해로 유배를 와서 29년 전에 유배 왔던 집을 수리하여 적거하면서 향사들에게 효제충신의 학문을 가르치면서 유배생활을 하고 있을 때 남해에서 왕으로 추대되어 역모를 꾸미고 있다는 남인측 목호룡(睦虎龍)의 모함으로 소환되어 그것도 한양으로 가던 중 한 강진에서 경종2년(1722)에 사사(賜死)되었다. 후에 그 일이 부질없는 모함임이 밝혀져 목호룡(睦虎龍)은 1724년에 장살(杖殺)되어 처단 되었지만 이미 유명을 달리한 아까운 인물을 살릴 수는 없었다.

그 당시 당쟁의 상황은 나라의 안위와 백성의 안녕은 뒷전이었고 수단과 방법을 가리지 않고 오로지 정적 제거에 광분 하였던 우리 역사의 어두운 그림자가 어느 때 보다 짙게 드리워진 시절이었다. 소재 이이명이 사사(賜死)되었다는 소식을 들은 남해 유학도(儒學徒)와 이웃 진양(晋陽) 향사(鄉士)들은 슬퍼하면서 한양 노량진 사충당에 봉안된 영정을 가져와 남해 적소인 습감재(習坎齋, 이이명의 적소)와 멀지 않은 거리에 봉천사(鳳川祠)를 세워 모시고 비문을 지어 묘정비를 입석했다.

그 후 봉천사가 훼철되고 묘정비가 옮겨진 곳은 남해군 공용터미널 맞은편 봉강산(鳳降山) 자락의 남해읍 북변동 430번지다. 이이명의 봉천사 묘정비(鳳川祠 廟庭碑)는 군보호문화재 3호로 등록되어 있는데 크기로는 높이 260cm, 폭 83cm, 두께 32.5cm의 규모다. 비문을 지은이는 문장에 능한 대제학 김조순이다. 한편 이 봉천사 묘정비(鳳川祠 廟庭碑)의 비문에 의하면 봉천사(鳳川祠)는 남해읍 竹山(대뫼)마을 봉천 상류에 세워졌다고 기록되어 있다. 봉천사 묘정비(鳳川祠 廟庭碑)도 당연히 봉천사 뜨락에 있었음은 상식적으로 판단되어진다. 봉천사는 대원군 서원 철폐령에 의해 훼철된 것으로 보이며 봉천사 묘정비(鳳川祠 廟庭碑)만 봉강산 자락으로 옮겨져 왔었는데 그 당시 그곳은 봉강산 양지바른 곳으로 봉양동(鳳陽洞)이라 불렀다. 지금도 나이 든 사람들은 이곳을 봉양대(鳳陽臺)라고 부른다.

오래 전부터 학자들의 연구결과에 의하면 봉강산 자락에서 동쪽 300미터 쯤 되는 곳에 봉천사(鳳川祠)의 터로 추정되는 허지를 발견하였기에 이곳에 봉천사(鳳川祠)를 복원하고 봉천사묘정비(鳳川祠廟庭碑)도 옮겨와야 한다는 여론이 있었지만 실현되지는 않고 있다가

2011년 12월 27일 자로 남해유배문학관의 야외공원으로 옮겨가게 되었는데 그 사연이 퍽 길기도 하지만 언론의 보도를 통해 지방문화재에 대한 관심이 고조되는 계기가 되었으며 지방 인터넷 양대 신문에 찬반 여론의 봇물이 터지기도 했다.

이와 같은 일이 벌어진 것에 대해 필자 자신도 관심 있는 분들과 함께 그 여론의 중심축에 있었고 그 여론의 광장에서는 많은 분들이 자신의 의견을 주장하기도 하였다. 봉천사묘정비를 옮긴 자체를 반대하는 분이 있었지만 옮긴 것이 타당하다는 분들도 많았다. 하지만 봉천사를 복원하지 않고 옮긴 것이라든가 비각을 세워 비문의 마모를 방지할 문화재 보호차원의 그 후속조치의 결과에 대해서는 문제점이 많이 제기되었는데 그렇게 만족스럽게 생각하지 않는 여러 자세한 사연에 대해서는 부분적으로 나누어 연재하는 그 말미에서 따로 다루기로 한다.

이제 소재 이이명 선생의 매부(梅賦)를 알아보기로 한다. 서포 김만중 선생은 소재 이이명 선생의 장인이다. 서포 김만중 선생이 남해 적소에서 유명을 달리한 그 해 사위인 소재 이이명 선생이 남해에 유배되어와 적소에 가보니 장인이 심은 매화나무 두 그루가 주인을 잃고 시들어 가고 있는 것을 자신의 적소에 옮겨와 심고 매부(梅賦)를 지어 칭송하였다.

매부(梅賦)의 緣由文

凡物之有生氣者
　　무릇 사물에는 생기라는 것이 있고

皆似有性情知覺

성품과 정서 지각이 있음도 모두 같구나.

若孝子哭而墓柏死

만일 효자가 곡을 하면 묘소의 잣나무가 죽는다.

兄弟分而庭荊枯者是已

형제들은 나뉘어져 마당에서 맞은 곤장으로 수척해지니

感應之理不可誣也

감응의 이치는 업신여길 수가 없구나

西浦公謫舍嘗種二梅樹

서포공의 적사에 일찍이 매화나무 두 그루가 있어

每世開花結子

매년 꽃피고 열매를 맺는다.

余自東邊移入島中

내 동쪽변(영해)에서 옮겨와 섬 가운데로 들어오니

余櫬已北歸

서포공의 널(관)은 이미 북으로 돌아갔네.

而二梅獨立荒庭

두 그루 매화나무는 거친 뜰에 외롭게 서서

憔悴欲死

초췌하게 죽어가고 있구나.

余撫遺躅而憐之

내 공의 남은 흔적을 어루만지며 가엽게 생각하여

移植於所居堂前譪然復蘇

적소에 옮겨 심으니 장인을 만난 것으로 여겨 다시 소생하고

枝葉已向茂矣卉植百品

가지와 잎이 무성하였고 많은 풀들도 자랐다.

惟梅獨稿其幽貞皎潔之性

오직 매화는 맑고 밝고 곧은 성품이이라

公之好之也正以期氣味之相近

공이 좋아하는 것은 기미가 서로 가까웠기 때문이고

而梅之不二公於存沒之隣者

살고 있을 때나 죽은 뒤나 한결같이 대한 것은

眞若士之爲知已

진정 선비가 자기를 알아주는 이를 위하고

女之爲所天

여인이 남편을 위하듯

其意有足悲者

그 뜻이 슬퍼할 만한 것이 있어

作賦以頌之

부를 지어 칭송한다.

–규장각소장 '疎齋集' 권 1에 있는
'梅賦' 緣由文을 한글로 번역함 –

여기에서 하나 짚고 넘어가야 한다. 이 글을 쓰고 있는 동안 남해유배문학관장의 글이 신문에 올라왔다. 이 때 까지 소개된 위에 적은 매부(梅賦)는 소재 이이명 선생이 그 시를 짓게 된 연유를 설명하는 것에 불과했다는 것이다. 산록에 방치되다시피 했던 봉천사 묘정비가 주목을 받으면서 유배문학관으로 옮겨진 상황에서 이이명 선생에 대한 자료가 이렇게 발견되어 선보임은 퍽이나 낭보임에 틀림없다. 소재 선생의 혼백이 인도한 것일까? 이를 계기로 앞으로 소재 선생의 남해유배생활의 행적을 더욱 깊이 연구하면 또 다른 문학 작품이 더 발견되리라는 기대를 해본다.

습감재(소재선생의 적소로 학사의 역할을 한 곳)는 봉천사와 아주 가까운 곳에 있다고 비문에 적혀있으며 실제로 학자들의 연구에 의하면 지금의 남해 대학이 들어선 죽산 마을 당산이라고 한다. 바로 얼마 전 까지 우람한 매원이 있었던 곳이다. 그 당시 죽산 마을에 높은 벼슬을 한 선비 한 분이 소재 선생과 교우하며 지냈다는 이야기가 어느 가문에 전해내려 오는데 그 대가(大家)는 바로 습감재와 지척에 있었고 유배문학관으로 옮겨지기 전의 봉천사 묘정비도 그 가문에서 먼 옛날부터 소유했던 봉강산 일대였고 그 가문의 며느리는 시아버지는 물론 그 선대에 유훈처럼 내려왔다면서 봉천사 묘정비의 주인공은 자기네 선조님하고 교우하며 뜻을 같이 했던 분이니 그 분의 공적을 적은 비를 잘 보존해야할 의무가 있다고 후손들에게 전했다고 한다. 어느 해 죽산 마을 그 선비의 고택 서재에 일어난 원인 모를 화재로 서책과 시문, 서찰이 불타 없어졌다고 하는데 그 불타 없어진 서찰이나 서책 중에는 소재 선생의 것이 있지 않았을까하는 추정도 해본다.

그 고택 서재 서까래와 상량의 일부분이 불에 타서 숯 나무가 된 채 수 백년을 이어져 내려왔다는 이야기가 있었는데 필자도 어릴 적 그 숯 나무 상량과 서까래를 보며 그 사연에 대해서 고택을 지켜오던 후손에게 들은 바 있다. 혹시 그 때 불타던 중 조금이라도 남아있을 유품이 있지 않을까 하는 기대를 해보지만 후손들은 모두 부산으로 이주했고 그 고택을 인수한 사람은 고택을 헐고 새로 집을 지었다니 이제 그 흔적도 볼 수 없다. 선비들이 필담을 나누었던 이층 대청마루나 기와 굴뚝, 대문간에서 본채로 이어졌던 가지런한 판석들, 샘이 깊은 물이나 서재의 높은 문턱에 걸려있던 특이한 문살하며 봄이 되면 크나큰 문짝을 접어 올려 서까래에 매달아 가을까지 대청마루에는 그 집안 자손들과 동네 아이들의 청아한 글 읽는 소리가 들렸으며 뒷문 밖으로 난 오솔길은 맹종죽의 대밭을 거쳐 뒷산 노송 주변의 매원으로 이어지면서 넘쳐나는 매향과 솔향기를 뿌리며 아득한 무릉도원으로 들어가는 길을 연상케 했다.

여기에서 또 고백할 것이 하나 있다. 이번에 발견되어 선보이는 매부(梅賦)는 사실 발견이라기보다는 후세 사람들 모두의 큰 부끄러움일 수도 있다고 개인적인 소회를 밝힌다. 소재집 원본은 규장각에 보관되어 있고 그 소재집에 있는 매부를 영인본으로 이미 확보하고 있었던 필자도 매부의 시를 짓게 된 연유 부분만 붙들고 해석문을 찾고 의미 부여하는 데만 신경 쓰다가 그 연유 부분 다음에 진짜 매부(梅賦)가 엄연히 있었음에도 이를 미처 못 알아본 것이다.

그리고 학문을 탐구하고 세상에 알리는 과정에서 이러한 우를 다시 범하지 않고 경계하는 뜻에서 또 다른 하나의 사례를 짚어본다. 이번에 발견된(?) 매부(梅賦)의 번역에 관한 것은 이미 '세종대왕 가문의 500년 야망과 교육' (이상주 저, 어문학사 간)에 나와 있었던 것인데 필자 자신도 오래전에 보았지만 매부(梅賦)의 연유문에 대한 또 다른 번역인줄만 알았지 매부(梅賦) 본문의 번역이라는 걸 알아차리지 못하였다. 한시에 대해 깊이 몰랐던 까닭이다.

이상주씨의 지금의 근황에 대해서는 그 뒤 알아보지 않았지만 그 당시는 스포츠 조선의 기자로 소재 선생의 조부 백강 이경여 선생의 같은 후손이다. 필자가 봉천사묘정비에 관심을 가지고, 소재 선생의 행적을 그 비문에는 다 적지 못했을 것으로 보고 또 다른 소재 선생의 자료를 백방으로 알아보던 중 소재 선생 행장(行狀)의 행방을 알고 계시는 이주관씨(소재 선생의 조부 백강 이경여 선생의 12대손)를 알게 되었고 또 이주관씨를 통하여 이상주씨의 자료를 접하게 되었다. 이상주 씨의 저서에 언급된 매부(梅賦)의 번역문은 소개하지는 않는다. 필자는 두 번역문을 비교해 보면서 많은 것을 느낀다. 어느 것이 잘되었다 못 되었다 따지는 것이 아니라 유배문학을 찾고 연구하는 과정에서 매부의 연유문 바로 아래 원문이 있었는데도 그리고 이미 그 원문의 번역문이 책자로 세상에 발표되었는데도 이를 모르고 있었다니 모두가 반성해야 할 일이다. 더구나 이미 그러한 내용들이 필자의 주변을 스쳐지나갔음에도 이를 발견하지 못한 것도 우둔하기 짝이 없는 노릇이었음을 자책한다. 모두가 학문의 깊이가 깊지 못했음이다. 하지만 봉천사묘정비가 남해유배문학관 야외공원에 세워지고 뒤늦게라도 정본 매부(梅賦)의 시비가 새로 새워짐은 큰 다행이다. 그리고 남해읍 문화거리에 세워져 있는 매부(梅賦)의 조형물 시비(사실은 소재 선생이 매부를 짓게된 연유문)는 어떻게 되었는지 궁금하다. 매부의 서문이라 할 수 있는 연유문이 매부의 진짜 시인 줄 알고 긴 세월 동안 읊조렸다니 실로 부끄러운 일이다.

이번에 유배문학관 야외공원에 세워진 매부의 시비는 다른 비와 같은 크기로 통일하다 보니 그렇게 되었는지는 모르지만 매부의 절반 정도만 새겨져 있었다. 비를 하나 더 세우던가 아니면 뒷면에라도 전문을 소개해주었으면 더욱 좋았을 텐데 아쉬운 마음이 있다. 여기에서는 매부의 시비에 소개된 부분만 한시와 같이 소개드리고 나머지 부분은 해석문만 올린다. 영인본에 나와 있는 매부(梅賦)의 시 후반부를 한시까지 넣어보려 하다가 혹시 한문과 한시에 지식이 일천한 필자의 실수로 문제가 있을 수도 있어 이의 소개는 유배문학관이나 한시에 전문적인 지식을 가지신 분들에게 부탁드려 알려 드릴 수밖에 없다.

매부(梅賦)

炎州地瘴(염주지장) 불타는 고을에 병은 나돌아도
卉木滋兮(훼목자혜) 풀과 나무는 잘 자라네.
玉玦南遷(옥결남천) 옥에 티로 남쪽에 귀양 가니
梅受知兮(매수지혜) 매화가 미리 알았네.

托根敷榮(탁근부영) 뿌리 내리고 꽃을 피워
慰幽獨兮(위유독혜) 외로움을 달랬구나.
氷心雪膚(빙심설부) 얼음 같은 마음과 눈 같은 살결
炯相燭兮(형상촉혜) 서로 비추어 밝히셨네.

窮荒萬里(궁황만리) 거칠고 외진 만 리 땅에
兩美合兮(양미합혜) 두 아름다움이 만났구나.
日斜孟夏(일사맹하) 사월에 해 질 무렵
夜鳥入兮(야조입혜) 산새가 날아드네.

空園脩竹(공원수죽) 빈 뜰에는 긴 대나무
倚荒籬兮(의황리혜) 거친 울타리에 기댔구나.
於悒無色(어읍무색) 슬퍼서 빛을 잃어
奄彼離兮(엄피리혜) 우수수 떨어지네.
嗟爾貞心(차이정심) 아, 깨끗한 마음이여
類服義兮(유복의혜) 너도 의리에 따르는 구나
榮枯一切(영고일절) 영화와 고락에도 한결같은 절개여
廓其無媿兮(곽기무괴혜) 텅 비어서 부끄러움이 없구나.

(이하 한시 생략)

굴원이 이소를 읊었지만 / 공에는 이르지 못했구나.
송경은 이미 죽고 / 고산은 비었구나.

천 번의 봄을 만났으나 / 갑자기 영원히 떠나갔네.
한 마음으로 고이 끌려 / 떨칠 수가 없구나.

왕손이 한 번 떠나니 / 어느 때나 돌아올까
되 바람 구진 비에도 / 예쁜 꽃은 피는구나.

한 해 저문 빈 골짜기 / 아는 사람 그 누구인지

말라 죽고자 스스로 맹세하니 /죽어도 마음 변하지 않네.
동쪽에서 온 나그네 /취하여 문 앞을 지났더니
바람결에 실려 온 향기 / 꽃다운 뿌리에 울었어라.

남의 사위가 아니라 부끄럽지만 / 한평생 동안 사모 하였네 .
비록 늙어 이룬 것 없지만 / 전범은 여전하셨지.

원컨대 늘그막에 맺은 정이야 / 형제와 같았다네.
슬프게 초사를 읊으며 / 이에 혼을 부르노라.

한시를 비롯한 외국시를 번역함에 있어서 원작자의 의중을 완전무결하게 전달하기란 참 어려운 일이다. 원작자가 필을 들고 시상을 다듬을 때의 그 시대상황과 주변 환경은 물론 그 당시 작자의 심경을 후세 사람들은 간접적으로 끌어 올 수밖에 없어 발생되는 오류는 막을 수가 없다. 그러기에 아무리 객관성을 최대한 확보했다고 해도 역시 문제는 남는다. 한시를 예로 들어보면 그 시를 구성하는 한자 하나하나가 그 뜻이 여러 갈래이기 때문에 더욱 그렇다. 어찌 보면 한시의 묘미는 바로 여기에 있지 않을까 하는 생각이 든다.

소재 이이명 선생은 남해에 두 번씩이나 유배되어온 인물로서 이곳 사람들과는 크나큰 인연을 맺고 호흡을 같이하면서 많은 추앙을 받던 인물이다. 수 십 년 전만 하여도 봉천이 흐르는 동네 竹山[대뫼]마을 뒷동산인 당산(堂山)에 매원(梅園)이 있어 꽤 많은 매화나무가 그 위용을 자랑하며 죽산(대뫼)마을과 봉천과 강진바다에 매향(梅香)을 흘러 보내주었다. 필자가 어린 시절의 그 매원의 향기를 잊지 못해 어느 해 찾아갔더니 매원은 자취도 없이 사라지고 대학의 기숙사 부지가 되어있었다. 이제는 기억 속에만 존재하는 그 매원(梅園)이 언제부터 조성되었는지는 명확히 알 수가 없지만 소재 이이명 선생의 가르침을 많이 받은 이 고장 사람들이 선생이 심어 아끼며 가꾸었던 그 매화 두 그루의 의미와 매부(梅賦)에 얽힌 사연을 그리며 은연중 매부(梅賦)정신을 기리기 위한 운동으로 적소 주변에 매화나무를 심기 시작했는지도 모를 일이다.

어디 까지나 가정이지만 유독 습감재 즉, 소재선생의 적소가 있었다고 추정되는 곳에 매원이 생겨나고 오래된 매화 등걸이 많이 있었다는 것은 그러한 유추를 가능하게 하는 것이다. 80여년 역사 깊은 남해제일고등학교의 전신인 남해농업실수학교, 공립중학교, 남해중학교, 남해농업고등학교, 남해종합고등학교가 인재를 배출한 이곳에 지금은 도립남해대학이 들어섰지만 그 옛날의 매원은 참 우람하였다. 필자가 유년시절부터 읍내의 초등학교 6년과 중학교 3년 고등학교 3년을 다닐 때인 50년대 와 60년대만 해도 이곳 당산 자락의 죽산 마을 죽림을 앞에 두고 매원과 노송군락의 사이 양지 바른 곳에 세 가구 정도가 살 수 있는 꽤 큰 사택이 있었다. 추정컨대 소재 선생의 습감재가 퇴락하여 허지로 비어 있으니 후대 사람들이 이곳에 집을 지어 기거하여 살아오다 조선시대가 끝이 나고 구한말을 거쳐 일제 침탈기로 접어 들어오면서 1932년 학교가 생기고 그 이후로 사택을 지었을 것이라는 생각도 해본다.

습감재는 소재 선생의 적소였지만 이 지방 사람들은 물론 인근 사천, 진양, 하동의 선비들도 찾아들던 학사나 서당 역할도 하였다. 이 배움의 옛터에 중학교. 고등학교, 대학교가 자리 잡고 있음은 우연이 아닐 것이다.

소재 선생이 이 곳 습감재에서 남해 선비는 물론 이웃 하동 사천 진양 선비들과 교유함은 물론 일반 농민과 어민들에게도 충신효제의 길을 가르치면서 남은 생을 보내고 있다가 목호룡의 모함으로 금부도사에 의해 서울로 압송되던 해가 경종2년(1722)이니 지금부터 290년의 일이다. 290년이라는 세월은 한 세대를 30년으로 보면 10세대가 조금 못된다. 4세대가 함께 사는 가정도 더러 있다. 그렇다면 4세대가 증조부에서 증손까지 한 시대에 살면서 가문의 일이나 동네의 일을 잘 전해주면 다음 또 다른4세대까지 전해가지 말라는 법이 없다. 이런 의미에서 본다면 옛 구전은 역사에 기록되지 않았을 지라도 무시 못 할 진실들이 담겨져 있음은 자명한 일이다.

필자가 서포 김만중 선생의 적소가 노도라는 옛 구전을 그대로 따르고 있음도 이와 같은 맥락에서이다. 그 구전에 의해 허묘가 전해지고, 퇴락했거나 소멸되었던 초막이 원형을 이어가거나 새로 생겨나며 그가 마셨던 옹달샘이 다시 솟아나서 오늘까지 이어왔다고 보는 것이다. 전통적으로 역사가들은 과거의 사건을 기록하거나 말로 전하며, 기록이나 구전 자료를 연구하여 역사적 의문에 해답을 찾고자 했다. 처음에 역사가들은 기념물, 비문, 그림 같은 자료들도 이용했다. 일반적으로 사료란 세 가지 범주로 나눌 수 있다. 글로 쓴 기록, 구전(口傳), 물리적으로 보존된 것들 즉 유물, 유적 같은 것들로 역사가는 대개 이 세 가지를 모두 참고하여 역사를 쓴다고 한다. 노도의 구전 역시 상당부분 국문학사와 향토사에 편입 된지는 오래다. 용문사 주변이 김만중 선생의 적소라는 주장에도 전혀 근거가 없는 것이 아니다. 유배지에서 쓴 작품을 분석하여 그 지명이나 그 당시의 역사적인 일들을 밝혀낸 연구물을 보면 고개가 끄떡거려지기도 하지만 오랫동안 이미 노도가 적소였음이 국문학계에 널리 소개되었고 이 지방의 구전에 의하여 기록된 향토사로서 무게 있게 자리 잡고 있음도 무시할 수 없는 상황이다. 더구나 지자체에서는 노도문학의 섬을 추진하고 있음에 더욱 그러하다.

그리고 필자는 또 하나의 이야기를 이곳에서 전하려고 한다. 이것은 어찌 보면 서포 김만중 선생과 소재 이이명 선생의 정신적 소산인 매부(梅賦)를 있게 한 그 매화나무 두 그루의 혈맥을 이어가는 전설 같은 이야기이기도 하다. 이야기의 뿌리는 역시 매화나무 두 그루에 시작된다. 죽산 동네 당산의 매원에 대한 것은 사실이거나 또는 구전으로 전해오는 이야기로 구분 하거나가 그리 중요한 것은 아니다. 다만 전설 같은 이야기에서 우리는 더욱 감동할 수도 있다. 필자가 어릴 적에 뛰놀았던 그 당산의 매원을 잊지 못해 매화꽃이 피었음직한 어느 해 초봄에 그 당산에 올랐다가 그 매원이 흔적도 없이 사라진 사실에 대해 얼마나 큰 충격을 받았는지 모른다. 매화 옛 등걸 하나라도 남아 있었으면 하는 생각으로 그 주변을 샅샅이 뒤졌으나 대학의 기숙사가 들어선 그곳 어느 곳에서도 그 흔적을 찾지 못 하였다.

그 옛날 우람한 매원의 향기는 맨 먼저 당산을 적시고 당산자락에 자리 잡은 중학교와 고등학교 학창에 잠간 머물었다가 당산 자락의 죽림과 노송군락을 배경으로 자리 잡은 죽산 마을은 물론 마을 앞의 하마정 들을 감돌아 읍내의 향교에 들려 선비의 고매한 향기를 뿌린 다음 읍내 마을 마다 그 향기를 조금씩 나누어 주고 마침내 망운산에서 불어오는 서풍을 따라 봉천의 맑은 물과 함께 강진바다 쪽으로 흘러갔고 혹자는 그 강진바다 건너 창선도에서도 그 매원의 향기를 만날 수 있었다고 전한다. 그러나 이미 그 매원은 없어졌다.

필자는 그 당시 바닷바람이나 쐬면서 아쉬움과 허전함을 달래보리라는 생각으로 봉천을 타고 내려오면서 용왕바위에 잠시 앉았다. 그 옛날 어느 정승이 이 마을에 귀양 와서 자주 앉았다가 가곤했다는 봉천 중간쯤에 있던 물가의 큰 바위다. 그 옛날 어느 정승이 누구였겠는

가. 이 마을에 살았던 다른 유배객이 있을 수도 있겠지만 역사에 기록된 소재 선생일 가능성이 제일 높다. 필자는 그 날 그 용왕바위의 뿌리가 뻗혀있는 동미산 주변에서 매화나무를 손보고 있는 노인 한 분을 만났다. 동미산은 당산의 마지막 꼬리 부분이다. 딱 두 그루였다. 사연은 이렇다.

그 노인이 어느 날 늦은 봄날 당산 뒤의 마늘 밭에서 마늘을 손 보고 있을 때 당산 산록에 고목 매화나무가 잘려나가는 것을 목격하고 화들짝 놀라면서 당산으로 올라가 아직 덜 익은 매실 몇 알과 오래전에 매실이 떨어져 어미나무 고목 주변에 뿌리 내린 어린 매실나무 몇 그루를 취하여 자기 밭이 있는 이 당산 마지막 줄기인 동미산에 심었다는 것이다. 그 노인은 한학에 아주 밝은 분으로 서포 김만중 선생과 소재 이이명 선생의 습감재, 매부, 봉천사묘정비에 대해 너무나 잘 알고 계셨다. 그리고 가꾸고 계셨던 남도봉매(南島鳳梅)의 사연을 필자에게 들려주었는데 필자는 그 당시의 상황을 '남도봉매(南島鳳梅)' 란 시로 남겨 2011년 남해문학 14집에 남기고 그 해 화전문화제 시화전에 읍내 문화의 거리 사거리에 다른 작품과 함께 내걸어 선을 보였다.

남도봉매(南島鳳梅)

서포는 소재에게 매혼을 넘겨주고
도포자락 휘날리며 피안으로 돌아가니
두 그루 매화나무는 혼백으로 피더라.

梅賦를 읊조리며 매원을 걷던 사람
어느 날 그 매원이 톱날 앞에 잘려가니
화들짝 놀란 마음에 매실 몇 알 취하더라.

마을에 전해오는 서당이 있던 곳에
서포 소재 매혼 기려 그 매실을 심은 후로
그 이름 南島鳳梅를 이어갔다 하더라.

매원이야 있건 없건 그게 무슨 대수냐며
櫓島의 島자 따고 鳳川의 鳳 자를 딴
그 이름 南島鳳梅를 잊지 말자 하더라.

어릴 적 여름날 봉천에서 멱 감으며 더위를 식힐 때 우리는 이 용왕바위의 깊은 물에서 헤엄치며 놀았다. 그러나 이 용왕바위는 그 수심 깊은 곳에 굴이 있어 강진바다 쪽으로 통해있는데 용의 통로라고 했고 용이 용왕바위 깊은 물에 있다가 강진바다로 나갈 때는 용왕바위 밑이 열리며 물도 같이 빨려나가 소용돌이가 심하게 일어난다고 했으며 그 소용돌이에 빠지면 살아날 길이 없다는 전설도 내려왔다. 이 전설을 뒷받침하기라도 하듯 여기에서 멱을 감던 아이 하나가 없어졌는데 나중에 강진 바다 중간에서 떠올랐던 일이 있다. 지금 생각하면 정말 용의 굴이 있어 그 속으로 빨려 들어가 강진바다로 나왔는지 그냥 냇물에 떠내려갔는지는 알 길이 없지만 어릴 적 우리는 이 전설을 믿지 않을 수 없었다. 그리고 이 전설을 믿는데 큰 역할을 하신 분은 그 당시 동네에서 여러 대에 내려오던 가문이면서 동네 분들에게 존경을 받으시던 연로한 김 모 할아버지셨다. 우리가 여기에서 멱을 감고 있으면 그 할아버지께서는 언제 오셨는지 용왕바위위에 벗어놓은 우리의 옷을 모두 감추셨다. 그리고 우리가 잘못했다고 빌면서 옷을 돌려달라고 하면 그 노인께서는 이 용왕 바위의 깊은 물에 목욕을 하면, 용이 노해서 너희들을 물속으로 끌어 들이니 앞으로는 여기에서 절대 멱을 감지마라고 훈계하시고는 옷들을 돌려주셨다. 아마 깊은 물에서 목욕을 하면 익사할 염려도 있고 오래전부터 내려오는 용의 전설이 깃든 이곳을 신성시해서 그러셨던 것 같다. 그리고 그 분은 옷을 돌려주시고는 우리들 머리를 쓰다듬어 주시고는 잔디밭에 놀도록 하시며 단군할아버지 이야기, 삼국지, 해동명장전, 수호지, 이순신 장군 등의 재미있는 역사 이야기와 옛날이야기를 들려주셨고 우리 마을의 오랜 역사나 전설 같은 이야기도 자주 들려 주셨는데 우리 마을에 귀양 오신 어떤 정승과 그분이 세운 서당에 대한 이야기가 제일 재미있었다. 다름 아닌 바로 우리 마을의 지명이 나오고, 우리 마을 사람의 이름이 나오고, 비석의 이야기가 나오고, 임금님과 관련된 이야기가 나왔기 때문이었다. 그 때는 어려서 스토리에만 집중했고 거기에 등장하는 주인공인 어떤 정승의 이름은 흘려들었는지 지금도 그 기억이 없다. 지금 생각하니 소재 이이명 선생의 이야기가 아니었을까 하는 추측만 할 뿐이다.

지금은 용왕바위가 없어졌다. 봉천 직강공사를 하면서 다이너마이트로 폭파하여 그 조각들을 모두 방천 쌓는데 썼기 때문이다. 지금도 이 마을 사람들은 그 때 용왕바위 부근에 있던 논을 '용왕 마지기' 라고 부른다. 그리고 동네 동쪽의 당산 자락에 동제 모시는 한반도 모양을 닮은 바위가 하나 있는데 동네 사람들은 옛날부터 이 바위를 '비룡방우' 또는 '정승바위' 라고 불렀다. 바로 소재 이이명 선생의 적소로 추정되는 곳에서 불과 100미터도 못되는 지점이다.

(12.5.28)

▼ 원래의 글은 6분에 대한 글을 그 분들이 당대에서 이루신 업적과 그 시대의 시대 상황, 남기고 가신 작품 들을 상세히 서술하여 매 주 1회분으로 따로 발표한 글이었으나 너무 방대하고 또 다른 문예지나 인터넷 매체, 필자의 시집에 실렸던 내용이라 여기서는 소재 이이명 선생에 대한 글을 주로 올렸으며 이 책에서 생략한 부분은 〈남해안 시대〉를 참고하시기 바랍니다.

7부
고봉준령(高峰峻嶺)에 인생 걸기

60년의 뿌리 120년의 미래

'60년의 뿌리 120년의 미래' 는 2010년도 필자의 초등학교 동창회 때의 슬로건이다. 필자는 해마다 전국모임의 초등학교 동창회 때 축시를 지어서 친구들에게 낭송을 해주곤 하였는데 작년의 축시 제목은 '반환점(返還点)' 이었다. 마라톤 풀코스를 달리는 것처럼 우리 인생의 반환점을 회갑인 60세로 보고 앞으로 60년을 더 내다보고 달려가자는 내용이었는데 그 날의 동창회의 슬로건과 딱 맞아 떨어져 내심 흐뭇하였다.

필자는 그 날 축시 낭송에 앞서 '60년의 뿌리 120년의 미래' 라는 참으로 시의적절한 슬로건으로 동창회를 주관한 고향 친구들에게 박수를 보낸다는 인사를 하고 축시 '반환점(盤還点)'을 어느 때 보다 열과 성을 다해 낭송하였다. 너무나 조용하고 숙연하였다. 100명 정도의 인원인데 어느 누구 잡담을 하는 친구는 없었다. 눈을 지그시 감은 친구들이 있는가 하면 축시가 쓰인 안내 책자를 뚫어져라 바라보는 친구도 있었다. 회갑을 맞은 소회가 깊었음을 말해주는 듯 했다.

졸업 당시 6학년이 6학급이어서 6분의 스승님이 계셨으나 네 분은 이미 작고하시고 두 분 중 한 분은 건강이 안 좋으셔서 참석 못하시고 한 분만 참석하셨는데 필자의 담임을 하셨던 분이라 더욱 감사하는 마음으로 인사를 드렸다. 교직에 계실 때 육상도 지도하시고 배구 등 다른 운동도 잘 하시던 분이셨다. 고향에서 문중의 회장도 맡으시고 게이트볼협회의 일도 보시며 건강을 다져 가시는 모습도 보여주셨고, 사모님과 같이 오셔서 더욱 뜻이 깊었는데 필자는 그 때 인사를 드리면서 제2시조집『남녘 바람 불거든』을 두 분께 선물로 드렸다. 지난 번 서울 동창회에서 주관할 때도 두 분을 초청하여 모신 바 있다.

그 날 필자는 제2시조집을 모든 친구들에게 나누어 주는 전달식도 가졌다.

이제 또 일 년이 흘러가 서울 동창생들이 남해와 부산을 기점으로 전국에 흩어져있는 친구들을 강원도 동해바다와 설악산으로 불러 모은다. 작년의 슬로건 '60년의 뿌리 120년의 미래'에서 이제 그 반환점을 돌아 1년째를 맞는 것이다.

인간이 120년을 살 수 있다는 것은 이미 알려진 바와 같고 인류 역사상 가장 장수한 사람으로 122년 164일을 살고 간 프랑스의 잔 칼망(Calment . 1875~1997) 할머니의 산 역사가 있으니 더욱 그 근거가 확실하다 하다 할 것이다. 더욱이 칼망 할머니는 85세에 펜싱을 배우고 100세까지 자전거를 타다가 110세에 요양원에 들어갔고 117세까지 하루 두 대씩 담배도 태웠다니 그냥 단순하게 숫자상으로 122세를 기록한 것이 아니라 세상을 떠나기 122년까지 삶의 질 면에서도 아주 충실한 삶을 영위하였기에 후세 사람들에 주는 메시지는 더욱 가치가 있다.

진화론과 노화 연구를 접목한 분야의 석학인 미국 샌안토니오스시 텍사스대 오스태드 교수는 2000년 학술지에 2150년까지 인류최초로 인간의 수명이 150세에 도달한다는 논문을 내었다. 이에 생물인구 통계학의 개척자인 올샨스키 일리노이대 교수가 전화를 걸어와 그런 일은 있을 수 없다고 반박했다.

두 사람은 과학 사상 최대 판돈을 건 내기를 걸었는데 각자 150달러씩 내서 150년간 주식시장에 묻어 두기로 했고 20세기처럼 주가가 상승하면, 150년 뒤 이 돈은 5억 달러(6000억원)로 불어난다. 2150년에 150세 인간이 출현하면 오스태드의 후손이, 그렇지 않으면 올샨스키의 후손이 그 돈을 차지하기로 했다는 금년 초 조선일보 기사를 읽은 적이 있다.

오스태드는 지난 10년간 동물 실험에서는 이미 인간으로 치면 150세에 해당되는 생쥐를 만들어 냈다면서 자신감을 가지고 있고 앞으로 20년~30년 안에 항(抗)노화 약품이 개발될 수 있다고 했다. 그러나 최초의 150세 인간은 중년에 접어들 무렵 막 시판되기 시작한 여러 항(抗)노화 약품 가운데 하나를 복용하기 시작할 텐데, 실제로 그 약이 효험이 있다는 사실은 100~120세 무렵에 밝혀질 것이라고 했다. 반면에 올샨스키는 신이 개입하지 않는 한 이 내기는 자기가 이긴다고 했다.

필자의 세대는 두 학자의 주장을 두고 150년은 젊은 세대에게 양보한다 치더라도 적어도 120년의 꿈을 가져본다는 뜻에서 '60년의 뿌리 120년의 미래' 라는 슬로건을 내걸었고, 필자는 축시 '반환점(返還点)'을 읊조려 봤던 것이다.

인간이 절주절식(節酒節食)하고 스트레스의 열기를 잘 식히고 친환경 삶을 잘 실천하면 의술과 과학의 발달에 힘입어 120년을 거뜬히 살 수 있는 사람이 앞으로 많이 나오리라는 짐작은 크게 무리한 것이 아니다. 오스태드 교수의 말대로 앞으로 20년~30년을 버티면 획기적인 항(抗)노화 약품이 개발될 수 있다니 그 때 가서는 또 150년을 바라보면서 살지 말라는 법도 없을 것이다.

11월 5일과 6일에 동해바다 일원과 설악산에서 열리는 필자의 초등학교동창생들은 이제 그 120년의 절반인 60년이라는 반환점을 돌아 1년을 더 달려왔는데 앞으로 59년을 더 달려갈 친구가 있을까? 작년은 60년 만에 돌아온다는 백호의 해다. 다시 59년 후에 백호의 해가 찾아올 텐데 그 백호를 만나는 친구들이 과연 있을까? 나이에 연연하지 말고 또 다시 60년을 사는 도타운 삶이 무엇인가를 가슴에 새기자는 뜻으로 그 날 낭송한 축시를 아래에 실어본다.

반환점(返還点)

백호는 쉼 없이 육십 년을 내달리다
반환점 정상에서 세상 한 번 굽어보고
고고성 힘차게 울던 고향으로 돌아간다.

그곳이 아득하여 별 뜨는 곳이라도
귀거래사 되뇌며 맑은 향을 뿌린다면
내 정녕 못 갈 것도 없지 뚜벅뚜벅 가는 거다.

들어봤나 인간 수명 백이십 년 타고난 것

내다버린 세월 누구 탓도 아니란다.
주어진 백이십 년을 잘 못 써서 그렇단다.

또 모르지 육십 고개 반환점 돌았으니
출발점 그곳에서 환히 웃을 뉘 있을지
모두가 그렇게 그런 마음으로 살아가자.

앞서 간 친구들아 이런 글로 미안하네.
생겨나고 멸하는 것 누가 쉽게 말하랴만
덧없는 세월을 두고 푸념 한 번 해 본거네.

무거운 짐들일랑 이제 벗어 던지고
앞산 노을 뒷산 안개 강진 바다 벗을 삼아
남은 건 세월뿐이니 훨훨 날아 가보세.

인생은 칠십부터라고 그 누가 말했던가
앞으로 십 년을 더 살아야 겨우 시작인 걸
모두가 그렇게 그런 별빛 한 번 쏘아보세.

-회갑을 맞은 동창생들의 모임에서 낭송한 시조-

(10.10.24)

고봉준령(高峰峻嶺)에 인생걸기

산행지를 택하다 보면 일 년에 두세 번 정도는 1,500m 이상의 비교적 높은 산에 한 번씩 오르게 된다. 거기다가 적설기의 고산 산행은 좀 특별하다. 마치 평탄한 인생길을 걷다가 갑자기 무슨 일이 닥쳐 높은 장벽을 넘어야 하는 것과 같다. 이때까지의 자잘한 등반 코스를 모두 합한 것보다 더 험난할 경우가 많다. 벌써 마음의 자세가 달라진다. 동네 뒷산에 오를 때와 많이 달라지는 여러 가지 조건들에서 우선 제약을 받는다. 장비, 경비, 비상식, 동반하는 사람들과의 팀웍 등을 염두에 두지 않을 수 없다.

여기까지는 준비 단계이니 철저함만 기하면 된다. 문제는 산악현장에서의 여러 가지 문제에 대처하는 방식이다. 계절에 따른 산악지대의 특성을 빨리 알아야하고 기상변화에 대처하는 것과 각종 비상의 경우를 탈출하는 방법, 체력안배의 실패에서 오는 문제점의 해결, 전혀 예상 밖의 일도 발생할 수 있는데 이를 극복하는 방법 등을 빨리 알아서 대처해야 한다. 이를 잘 못하면 돌이킬 수 없는 일을 당할 수도 있다.

언젠가 설악산 적설기 등반을 갔다가 뭐가 잘못되어 삶과 죽음의 갈림길을 서성인 적이 있었다. 바로 위에서 말한 기상변화에다가 전혀 예상 밖의 일이 생겨 그것을 탈출하기 위해서 몸부림 쳤던 일이다. 말 그대로 절체절명, 그 위기 상황을 벗어나지 못하면 죽음에 이르는 그런 일을 당했는데 필자의 산행 행로에 엄청난 파장과 인생관이 흔들릴 정도의 일이었다.

백담사를 거쳐 오세암에서 일박을 하고 마등령을 올라 정상까지 가는 산행이었는데 문제는 오세암에 이르렀을 때 생겼다. 오세암에서의 일박이 불가능한 상황이었다. 5명의 의견을 듣고 방향을 결정해야 했다. 어찌 보면 의견을 듣고 말고가 아니라 바로 뒤돌아 오던 길로 쏜살 같이 내려가 백담사로 가는 것이 정도였다. 그러나 우리 인생에도 이때까지의 노심초사 쌓은 공적 때문에 어떤 기로에서 무리수를 두는 경우가 있는 것처럼 5명의 대원 중 3명이 그냥 마등령 대피소까지 올라가자는 것이었다.

경험 많은 리더는 역시 달랐다. 5명의 대원중 나이는 제일 어렸지만 산행경험이 제일 많은 권대장은 나머지 대원을 설득하였다. 즉, 설악산 깊은 계곡에서의 기상은 변화무쌍하다. 특히 적설기니 중간에 눈이라도 만난다면 조난당할 수가 있으니 많이 아쉽지만 백담사로 발길을 돌려야 한다고 했다. 그러나 강행하자는 3사람의 의지가 너무나 강하다 보니 리더도 어쩔 수 없이 마등령의 강행을 결정하기에 이르렀다.

초반의 상황은 좋았다. 깎아지른 그 준봉과 석벽에는 눈에 파묻힌 노송이 조금씩 푸른 절개를 내비칠 뿐 온통 산은 설국이었다. 모두가 신선경에 파묻혀 순조로운 산행이 이어지고 있었다. 그러나 서 너 시간 후 자연의 변화무쌍한 가르침은 우리 대원들에게 무서운 회초리를 내리치기 시작하였다. 이미 눈은 정강이의 반이 빠질 정도로 쌓여있는 데다가 갑자기 함박눈이 펑펑 쏟아져 쌓이기 시작하면서 얼마 후에는 무릎을 덮더니 곧 허벅지로 육박했다.

교대 교대로 선두에 서서 러셀을 해나가는데 한 시간 동안 가봐야

백 미터도 못나갔다. 급기야는 강풍이 몰아치면서 기온이 급강하하는데 휴대용 온도계를 보니 영하 15도로 내려가 있었다. 그리고 곧 어둠이 찾아왔다. 밤새 사투를 벌리려면 랜턴을 아껴야 했다. 곧 칠흑 같은 어둠에 우리는 갇히고 말았다. 대충 여러 정황으로 봐서 마등령 대피소에 가까이 왔다는 희미한 의식은 그래도 살 수 있다는 한 가닥 희망이었다.

혹한의 눈보라에 등산화의 발목부분이 얼어 굴신을 할 수가 없는 것은 물론이고 몸의 마디마디가 얼어붙은 듯 말을 듣지 않았다. 대원들의 얼굴에 죽음의 그림자가 어른거림을 보았다. 그러나 리더는 용감하였다. 역시 리더다웠다. 앞서서 마지막 남은 랜턴으로 사방을 비추면서 우리의 진행 방향을 잡고 있었다. 까딱 잘못하다간 모두가 천길 아래의 절벽으로 추락할 수도 있는 상황을 미리 막아보려고 안간힘을 쏟고 있었다. 그리고 계속 대원들의 이름을 외치며 죽음의 그림자를 밀어내려는 필사적인 노력을 계속하고 있었다.

권대장이 외치는 호명에 대답이 없는 대원이 생기기 시작하였다. 확인해 보면 졸고 있는 것이다. 이런 경우 혼자일 경우는 곧 잠이 들면서 죽음으로 이어지는 경우가 대부분이다. 주변에서 거세게 흔들어 깨워 걷게 한다. 5명의 대원중 권대장만 졸지 않고 나머지 4명은 모두 몇 번씩 졸다가 앞뒤의 대원이 흔드는 바람에 깨어나곤 했다. 이제 마지막 남은 권대장의 랜턴도 불빛이 희미해져 가고 있었다. 저 불빛이 사그라지면 더 진행도 못하고 러셀해 나가는 눈구덩이에서 주저앉을 수밖에 없을 것이고 대원들에게는 졸음이 덮쳐 영원히 잠드는 길로 들어서게 될 것은 불을 보듯 뻔했다. 이런 경우의 졸음은 누구도 막을 수 없는 불가항력이다.

얼마를 이 지경으로 버텼을까? 앞서서 러셀을 해가던 필자의 손에 무언가 잡혔다. 단순한 칡넝쿨 같은 것이 아닌 텐트를 묶은 팽팽한 나일론 줄이었다. 필자는 그 줄을 생명줄처럼 부여잡고 마구 흔들었다. 곧 저쪽에서 연락이 왔다. 안쪽에서 누군가 텐트의 지퍼를 열어주는데 우리 다섯 명은 그 텐트 속으로 밀려들어갔다. 텐트의 사람들은 모든 장비를 다 꺼내어 동사 직전의 우리의 몸을 녹여주었다. 살았다는 안도감에 우리는 부둥켜안고 귀곡성처럼 울어대는 마등령의 눈보라를 자장가처럼 들으며 깊은 잠에 빠져들었다. 마등령 대피소 아래 따로 텐트를 설치한 이 사람들은 우리 보다 하루 앞날 이곳에 왔다가 심한 눈보라로 더 전진하지 못하고 대피소에서 텐트와 침낭을 대여 받아 눈 속에서 하룻밤을 지내다가 우리와 만난 것이다.

며칠 후 신문에 오세암과 마등령 중간지점에서 대학생 3명이 조난당하여 목숨을 잃은 기사가 났다. 기사를 눈여겨보니 이 대학생들은 우리 보다 2시간 앞서 오세암을 출발한 사람들이었다. 같은 코스에서 거의 같은 시간에 같은 기상상황에서 5사람은 살아왔고 3사람은 눈 속에서 생을 마감하였다.

그 날 이후로 우리 5인의 대원들은 의형제를 맺을 정도로 수 십 년 동안 같이 만나고 있다. 필자는 그 설악산 마등령의 일을 겪은 후로 많은 것을 얻은 것 같다. 죽음의 직전까지 그것도 갑자기가 아닌 서서히 다가오는 어두운 그림자를 체험하였다. 시시각각으로 변하던 삶과 죽음의 기로에서 느끼던 그 귀중한 체험들의 편린들을 소중히 펼쳐보면서 그 하나하나들을 살아있는 오늘의 햇살에 비춰본다. 그 반짝거림이 참으로 절실한 생명의 파동이어서 가끔씩 현실에 안주하려는 나를 호되게 불러 세운다.

(12.4.22)

물살 건너기

7월 22일 강원도 인제군 방태산 아침가리골(朝耕洞) 트레킹을 위해 아침 일찍 집을 나선다. 2011년도 7월 24일에 향우님들과 방태산 아침가리 트레킹을 다녀왔으니 딱 일 년 만이다. 이날 트레킹을 마치고 본란 작년 8월 7일 자 칼럼에 '아침가리골 물의 정령에게 물어보다' 를 남기고 이번이 두 번째다.

동대문 역사문화공원역에서 7시를 조금 넘은 출발 직전 최태수 사무국장이 오늘 산행을 위한 몇 가지 당부와 함께 외손자 돌잔치가 있어 같이 동행을 못하는 아쉬움을 알려왔다. 폭우가 쏟아진다. 하지만 오늘의 트레킹과는 무관하다. 어차피 물에 젖는 날이다. 폭우로 인해 계곡을 건널 수 없는 상황에서는 계곡이 아닌 방태산[1443m] 정상의 산행으로 변경한다는 산행공지가 이미 나간 상황이다.

버스 안에서 김길수 회장님의 인사가 끝나고 박미선 산행대장과 정상범 산행대장의 트레킹에 대한 안내가 있었다. 4시간 후에 목적지에 도착하여 곧 트레킹에 돌입하였다. 깊은 곳은 언저리 산길로 돌아가고 얕은 곳은 첨벙 첨벙 걷는다. 트레킹의 참맛이다. 수영에 자신 있는 사람은 깊은 물을 수영으로 건너는 사람도 있다. 물살이 센 곳은 로우프에 의지해 건넌다. 물은 유유히 흐르다가 급류를 이루는가 하면 폭포수로 쏟아져 내리며 굉음을 연출한다. 하얀 포말을 보며 어떤 사람은 조용히 명상에 잠기는가 하면 어떤 사람은 그 폭포의 포말을 배경으로 추억의 사진을 남기기도 한다. 물굽이에서 일어나는 포말들이 공중으로 퍼지면서 물안개를 연출한다. 무리지어서 그 물안개를 뚫고 나오는 장면들은 연출된 영화의 한 장면을 보는 듯 했다. 물안개 피어나는 곳을 보며 탄성을 지르는 향우들이 있는가 하면 카메라 앵글을 잡느라 분주한 향우들도 있다. 앞서거니 뒤서거니 풀어진 신 끈을 조이며 또는 스틱을 조정하면서 트레킹은 이어져 갔다.

계곡이 너무 깊어 양쪽으로 펼쳐진 산록을 쳐다보면 어디 빠져 나갈 곳이 없어 보이는 원시림으로 이어져 있다. "야! 참 천연요새로구나. 천군만마가 달려들어도 한 사람이 지켜낼 곳이야!" 김길수 회장님께서 점심시간 깎아지른 산록의 봉우리를 가리키며 하신 말씀이다. 물살에 밀려온 자갈이 모인 곳에서 40여명의 향우들이 모여 앉아 점심을 먹는다. 점심식사 후 물에 들어가 산악회 현수막을 펼치며 기념사진을 찍고 다시 계곡물을 거슬러 오른다. 작년 다이빙 장소를 향해 더 올라가려다가 돌아선다. 시간적으로 무리다. 올해는 작년에 너무 빠른 속도로 올라갔다는 여론이 있어 속도를 좀 늦추었고 또 작년보다 계곡물이 많았음이 원인인 듯하다. 필자는 작년 다른 산악회와의 연합 산행에서 우리 산악회를 대표하여 폭포수 다이빙 이벤트에 참가한 일이 있었다. 올해도 그 행사를 진행하려 했으나 아쉬운 하산을 해야만 했다.

하산하다가 몇 몇 향우들이 다이빙 이벤트를 못하고 내려감을 아쉬워하며 물이 조금 깊고 바위가 솟아있는 곳에서 기다리고 있었다. 필자는 바위위에 올라가 물을 내려다보니 적절한 곳이 못되었다. 꼭 하려면 못할 곳도 아니었지만 수심이 낮고 물속의 뾰족한 바위들이 다이빙하기에는 큰 위험을 내포하고 있었다. 아쉽지만 다음으로 미루고 급류타기만 좀 하다가 내려가자고 하면서 아쉬움을 달랜다. 몇 몇 향우님들의 급류타고 오르기에서 오로지 한명이 60대의 나이에 발군의 실력을 보인다. 삼동면에서 태어나 지족 손도의 물살에 단련된 체력이 여지없이 나타는 장면이었다. 만약에 실제 상황이라면 단 한명만 살아남는 게임이었다.

더러는 미끄러지기도 하고 물에도 빠지면서 트레킹은 끝났다. 좀 일렀지만 산채 비빔밥으로 저녁식사를 마친다. 그리고 귀경길에 오른다. 오늘의 트레킹으로 물의 정령이 전해준 기를 받고 서로가 건강하라고 덕담을 전해주면서 조용히 내년을 기약하고 각자의 보금자리로 돌아간다.

(12.7.29)

야간비행과 새벽길

프랑스의 행동주의 문학가였던 생텍쥐페리는 자전적 소설인 '야간비행' 을 통하여 사명감, 인내, 도전, 모험, 희망, 책임의식, 순수를 향한 삶의 영위, 행동, 동지애, 공정함, 애국심 등을 보여주었다. 생텍쥐페리는 21세 때 조종사 자격증을 취득하고 소위에 임관되었으나 예편한 후 정기 우편의 항로를 비행하였으며 2차 세계대전이 발발하자 다시 대위의 계급으로 참전하였고, 1944년 7월 31일 그르노블 안시 상공 출격을 마지막으로 영영 돌아오지 않았다. 1998년 9월 방돌 해안에서 한 어부의 그물망에 생텍쥐페리의 이름이 새겨진 팔찌가 걸려 나왔으며, 사람들은 그가 정찰 비행 중 독일군에 의해 추락됐을 것이라고 추정하고 있다.

이렇듯 소설 '야간비행' 은 작가의 생생한 체험에서 우러나는 행동주의 문학의 대표적인 작품으로, 비행 중에 폭풍우를 만난 조종사가 불가항력의 상황에서도 굴하지 않고 자신의 임무 완수를 위해 최후의 순간까지 사투를 벌이는 모습이 생생하게 그려진다. 사명감에 불타는 두 인물이 주인공인데, 이 책이 만인을 끌어들이는 것은 책임자인 리비에르의 신념 때문이다. 그는 숨 막히는 짧은 순간들의 위험에 직면하면서, 최대한 능력을 발휘하여 불굴의 의지로 온갖 역경과 위험을 이기고 탈출해야하는 조종사를 하늘에 띄우고 착륙시켜야 하는 책임자이다. 따라서 개인주의를 초월한 집단적 책임의식을 염두에 두면서 자기가 맡은 일을 묵묵히 실천한다. 또한 이러한 직업을 통한 철저한 임무완수가 우리 인간에게 행복을 가져다주는 근원이라고 여긴다.

폭풍우에 밤의 가장 깊은 곳까지 내려간 그 조종사들은 다시 그 암흑의 심연을 헤쳐 나와야 한다. 주변의 그 상황을 이겨내지 못하면 다시는 밝은 세상을 볼 수 없을 것이다. 작금 우리의 주변에 터져 일어나는 우리 주변의 어려운 상황들이 야간 비행의 어두운 환경 못지않았다. 그러나 생텍쥐페리의 야간 비행에서는 사명감, 인내, 도전, 모험, 희망, 책임의식, 순수를 향한 삶의 영위, 행동, 동지애, 공정함, 애국심 등으로 삶의 가치를 긍정적으로 개척해 간 반면 우리 주변을 엄습한 악천후의 야간비행 같은 좋지 않은 상황은 여러 분야에서 무책임, 졸속, 공격, 안일, 폭력, 집단적 이기주의에 몰입한 투쟁 일변도, 선동, 편 가르기, 흑백논리, 망국적인 포퓰리즘의 남발에 휩쓸린 극히 어지럽고 무질서하고 인문학 부재수준의 본능적 탈출에 가까웠다. 필자는 그때 그 어려운 상황들을 형상화 하여 다음의 시 한편을 계간지에 남겼다.

역린(逆鱗)이 달라붙어 방향이 틀어지고

불 꺼진 활주로엔 비상등만 점멸할 뿐
관제탑
시계제로에
조종간도 부러지다.

추락하며 꺼져가던 먹장 하늘 불티 하나
천명(天命)을 전하리라 혼 불을 살리리라
디지털
광케이블에
다시 불이 켜지다.

군자도 비껴가던 괴력난신(怪力亂神) 도깨비 불
맑은 영혼 밝은 빛에 허깨비로 부서지니
세치 끝
더러운 것들
시궁창에 버려지다.

―2012 시조생활 여름호《야간비행》―

야간비행의 고달픔은 소설에서나 현실에서나 마찬가지다. 그 고달프고 위험천만한 악천후의 주변 여건은 파멸이냐? 생존이냐? 두 갈림길의 가혹한 시련을 안겨주게 마련이고 그 시련을 뚫고 야간비행을 무사히 끝낸 조종사는 우리 시대 어려움을 이겨낸 많은 사람들과 다름 아니다. 앞으로 또 어려운 야간비행의 관문이 없을까마는 일단 임진년까지의 그 고달팠던 '야간비행'을 끝내고 새로운 마음을 담은 '새벽길' 로 계사(癸巳)년을 맞으려 함은 모두가 가지는 소망이리라. 필자는 나름대로 새벽길 그 아련하고도 상큼했던 기억들을 들추어 본다.

그 첫 번째가 정월 초하룻날 새벽 설날 성묘 길이다. 먼동이 터기도 전 이른 새벽 설날 객지에서 오신 친척 분들과 서릿발이 돋은 보리밭길을 지나 강진 바다 해변을 가로질러 살을 에는 해풍을 맞으며 아버님 두루마기 깃에 매달려갔다. 바닷물도 해변 언저리는 허옇게 얼어 있었다. 꽁꽁 언 두 손 호호 불며 갔으나 지금도 그 맑고 상큼한 새벽길을 잊을 수 없다.

두 번째가 절간에 불공 올리러 가던 새벽길이다. 어머님을 따라 절간에서 부처님께 불공을 마치고 한 참 지나면 동쪽 강진바다에 먼동이 텄다. 산길을 한참 내려오면 바다에서 일출이 시작되는데 그 산뜻하고 장엄하며 호쾌하였음을 지금도 잊을 수 없다.

세 번째가 새해 첫날 일출을 보러 산꼭대기에 오르던 새벽산길이다. 600고지의 산이지만 이른 새벽 산 초입에 들어 부지런히 산을 올라야 일출 시간에 도착할 수 있다. 눈이 무릎까지 쌓여있는 산길과 빙판이 되어있는 암반 길을 오르는 것은 쉬운 일이 아니지만 산이 좋아 새해에 처음 떠오르는 해를 산에서 보려는 사람들은 끝도 없이 줄을 지어 산을 오른다. 해마다 산악회 회원들과 한해의 안전산행과 서로의 행운을 빌어보면서 상징적으로 하는 신년 해맞이 산행은 2013년 계사년 첫새벽에도 이어질 것이다.

대충 세 가지 정도의 새벽길 서기(瑞氣)를 떠 올려보며 이쪽으로 전력투구하고 에너지를 키워 가리라. 길지도 않은 인생 여기 저기 시끄럽고 요란하고 근본 없이 흘러나오는 수상한 안개 속을 기웃거리며 아까운 세월 보내지 말고 보편적으로 선량한 바람이 불어오는 쪽으로 얼굴 돌려 걷다보면 지금껏 조금은 오염되었더라도 인자하고 선량함의 넉넉한 바람은 편안하고 복된 곳으로 우리들 삶을 인도할 것이다. 단 각자의 마음이 새벽길 같은 여유롭고 맑고 산뜻함을 추구하였을 때만 가능한 일이다.

(12.12.10)

8 부

문창(文窓)에 기대어

문학(文學)에 대한 영토론적(領土論的) 관점(觀點)

1. 어느 날 갑자기 밤하늘의 별을 본다는 것

깊은 밤하늘에 별이 총총 빛난다. 어릴 적 그 밤하늘, 그 때의 별을 머나 먼 이역 하늘에서 볼 줄은 꿈에도 몰랐다. 어찌된 일인가? 미국 서부에 갔다가 이사벨라 호수 가는 초입의 어느 이름 모를 노천온천에서 겪은 일이다. 그렇게 선명하게 닥아 온 어린 시절을 느껴보기는 처음이었다. 그 곳 사막의 건조하고 맑은 공기 탓이기도 하겠지만 지금 곰곰이 생각하니 그 것은 나의 내면적 세계의 창이 다른 장벽으로 인해 창 구실을 못했거나 다른 혼탁한 부유물로 가려져 있었음을 늦게나마 알게 된 것이다.

쉽게 말해서 지천명을 살고도 그 빛나는 밤하늘의 추억을 까맣게 잊고 있다가 타국에서 그 걸 발견할 수 있었다는 것과 다름 아니다. 어찌 보면 그러한 나 자신을 늦게나마 발견 했다는 것이 그래도 천만 다행이다. 그렇다면 여태 그 내면의 창이 어떤 장벽으로 가려 있었으며 나의 정신세계의 주변에 떠돌아 다녔던 혼탁한 부유물은 어떤 것들이었을까?

그렇다. 치열한 현실세계에서 허접스런 것들에 너무 시간을 많이 빼앗긴 것이다. 문학도 치열한 현실 세계를 도외시 할 수 없는 일이다. 문학이 아무리 미래지향성을 지녔다고 하지만 과거와 현재를 기반 하지 않고는 미래의 탑을 쌓을 수는 없는 일이다. 그러나 문제는 시간과 정력을 쏟는 그 대상이 문제인 것이다.

2. 허접스런 것들은 일찍 뛰어 넘었어야...

위에서 말한 허접스런 것들이란 것은 비이성적, 비생산적, 비효율적, 비상식적, 비인간적인 것들을 일컫는다. 중생이 사는 세상에서 이런 것들을 피할 수는 없는 일이지만 적어도 그 것들을 빠른 세월 안에 뿌리치고 뛰어넘었어야 했다. 마음이야 항상 이런 것들에서 탈출하려고 무진 애를 썼지만 현실적으로 항상 그것들에 갇혀 있었던 암울한 시절을 생각하면 참 억울하다는 생각도 든다. 꼭 문학이 지고지순의 경지에서만 존재하는 것이 아니기에 모질거나 황폐한 현실세계를 체험하면서 나름대로의 참여문학이라는 범주의 글들을 써 낸 것은 밝은 미래를 담보하기 위한 처절한 자기 방어의 수단이었다. 나의 마음 깊은 곳에 샘물처럼 솟아나는 시심은 올바름에서 벗어나 잡스런 것들에 오염되려는 나의 마음을 정화시켜주었으나 그것이 어떤 때는 현실세계와 타협 못하는 갈등적 요소로 작용해서 수많은 고뇌의 시간을 엮어가기도 하였다.

내 인생의 어느 기점에서 명예퇴직이란 걸 결정하고 나서부터 시집이라는 걸 낼 엄두를 낼 수 있었고 실로 오랜만에 고향산천을 느긋하게 다녀 올 수 있었으며 좋아하던 산과 들을 맘대로 쏘다닐 수 있었고 멀리 이역 땅을 비교적 긴 기간 동안 밟아 볼 기회도 마련하였다.

창선-삼천포 대교 개통기념 전국마라톤대회 하프코스를 완주한 다음 내 고향 해변을 달리는 마라톤대회에 참가하여 난생 처음 풀코스 42.195km를 완주한 것도 그 무렵의 일이다. 마라톤계에서는 통상적으로 풀코스를 완주하기 위해서는 적어도 2년간의 몸만들기를 전제로 하고 있다. 풀코스 완주의 달성은 우이천 수변도로와 한강변 자전거 도로를 수시로 달려 심폐운동의 강도를 조금씩 높여 간 결과이기도 하지만 무엇보다도 청소년 시절 고향에서 무거운 짐을 지고 부지런히 산을 오르내리고 시냇물 자갈 길이나 강진바다 개펄에 나아가 무릎인대를 단련시킨 결과가 아닌가하는 생각을 해보기도 하였다.

3. 나의 문학의 영토에서 숨 쉬고 살아가는 것들

어느 날 그 먼 세월을 훌쩍 뛰어 넘어 갑자기 닥아 온 어린 시절 고향 밤하늘의 총총한 별을 머나먼 이역에서 보게 된 나는 당장《이사벨라 가는 노천 온천의 밤》을 읊어내기도 하였다. 이 외에도 사막을 순례하며 《캘리코의 폐허》, 《신의 정원》 등 30 여 편의 작품을 사막지방이라는 새로운 문학의 영토에 들어와 새로운 감각으로 써서 각종 紙誌에 발표하였고 2010년도에 펴낸 제2시조집 《남녘 바람 불거든》의 한 부분으로 묶어져 다시 세상에 나왔다.

이러한 문제는 글을 쓰는 개개인에 따라 개인차가 있겠지만 적어도 글을 쓰기위한 자기 나름대로의 정신적 문학의 영토와 지리적 문학의 영토가 확보되어 있어야만 글밭에 씨앗을 뿌리는 일이 순조롭게 될 수 있다는 것이 문학에 대한 나의 영토론적 관점이다. 《42.195》가 문학지나 지방지를 통하여 세상에 선을 보인 것도 내가 직접 그 마라톤의 영토에 발을 디뎌 지정된 거리를 지정된 시간에 완주했기에 가능했던 것이고 고도 높은 산을 등정하고 등정기를 써서 제1시조집에 올린 것도 그 산 꼭대기를 밟았기에 가능했으며 분단의 신음소리 들리는 저 개망초와 엉겅퀴, 떼 지어 일어서는 접적지에서 살아보지 않고서야 어찌 한 반도 허리께의 비망록을 들춰 볼 수 있었으랴. 필자는 주야로 대남방송이 귓전을 때리고 때로는 총알세례가 시도 때도 없이 날아오던 그 접적지를 직접 찾아가 쓰러져가는 초막을 일구어 3년을 살았다. 임진강변 실향민과 나룻배를 같이 저으면서 저 건너편이 자기가 태어난 곳이라며 눈물 지어보이던 그 노인네를 지금도 잊을 수 없다. 이런 분단의 아픔을 노래한 20 여 편의 글이 제1시조집에 실린 것도 알고 보면 지리적 문학의 영토를 확보하지 않고서야 가능하지 않은 일이다.

사막의 모래 바람 서걱이는 열사의 이야기도 그 곳을 밟고 체험해 보지 않고서야 가당치 않은 일이다. 내가 경영하는 문학의 영토에서는 내가 영주이며 나의 육신과 정신이 이곳에 깃들어 있고 저 머나먼 곳에서부터 이곳을 찾아오는 지친 순례자도 쉬어 갈 수 있게 하며 개선장군이 되어 백마를 타고 오는 나의 옛 친구도 맞이할 수 있는 것이다. 어디 그 뿐인가 흘러간 수많은 만남과 이별로 한 세월을 적셨던 사람들과도 다시 만나야 한다. 그리고 이제는 쓸쓸한 간이역에서 낙엽지는 날의 만남이 아닌 들꽃이 피어나고 새들이 지저귀는 푸른 초원에서의 만남이어야 하고 여름 날 소나기 퍼붓고 시냇물 왁자하게 흘러가는 소리를 듣는 고향강 언덕에서의 푸르른 만남이어야 하며 때로는 열사의 땅, 질퍽이는 개펄, 혹한의 동토이거나 이 지구상에 신비한 대자연이 숨 쉬는 비경에 빠져들기도 하여야 한다. 이와 같은 대자연과의 만남은 단순한 볼거리로서의 만남만을 뜻하는 것이 결코 아니다. 인문학적인 접근과 과학적인 접근 등 다른 서사적인 관점에서도 얼마든지 그 영역을 넓힐 수 있을 뿐만 아니라, 보는 이의 마음과 가슴으로 받아들인 현장감 넘쳐나는 시문을 뽑아보는 대자연과의 만남이라고 본다.

4. 최후의 영토이며 마지막 정부

문학은 우리 인간의 마음속에 남아 있는 최후의 영토이며 마지막 정부다. 시인은 이 최후의 영토이며 마지막 정부인 문학의 존속을 위해 오늘도 내일도 별빛을 쏘는 예리한 정신세계를 갈고 닦아야 한다. 그리고 이 최후의 영토와 마지막 정부를 지켜내기 위한 최후의 보루가 되어야 한다.

감성과 지성이 우둔하면 문제의식이나 비판적 자세를 가지지 못하고 그런 사람은 현재의 이념과 질서, 제도와 관습, 통념과 상식에 문제가 있다는 생각을 하지 못한다고 하였는데 필자 자신이 이런 한계점에 부딪혀서 필요 이상의 세월을 투자했어야만 했다. 쉽게 말해서 초기에 정신적 문학의 영토 설정을 제대로 못해서 겪은 시행착오가 만만찮았다는 이야기다.

문학의 창의성과 미래 지향성을 생각해 볼 때 일찍부터 세상의 이면을 꿰뚫어 보면서 그 속에 깊숙이 감추어져 있는 모순과 불합리를 감지하여 분석하고 비판하여 바람직한 미래를 건설하고자 열망한 작가는 많다. 그리고 그 들이 써낸 작품들은 지금 불후의 명작이 되어 후세 사람들에게 읽혀지고 있는 것이다. 그들의 문학적 영토는 많은 방문객으로 인해 넘쳐나고 있으며 성루에 나부끼는 깃발 하나하나가 눈부시고 아름답다. 바로 그 영주가 날리는 문학의 깃발이다.

'위대한 문학작품은 시대를 초월한 생명을 지니고 있다. 다시 말해 문학은 시대를 초월한 인간의 정서를 다루어 감동을 준다.' 이것은 문학의 특성 중 문학의 항구성에 관한 말이다.

'문학이 모든 인간의 공통적인 정서를 다루기 때문에 위대한 문학작품은 공간을 초월하여 모든 인류에게 감동을 준다.' 이것은 문학의 특성 중 문학의 보편성에 관한 말이다.

'문학은 주관적 체험이며 그 표현이기 때문에 개성적이며 독창적이다. 문학은 이러한 주관적이며 개성적이며 독창적인 삶의 표현을 통하여 보편성을 추구하고 획득한다.' 이것은 문학의 특성 중 문학의 개성에 관한 말이다. 흔히 말하는 이러한 문학의 특성 세 가지를 모두 만족한 문학작품은 이 세상에서 얼마나 될까? 모든 작가들이 이 특성의 범주에 드는 작품을 쓸 수 있는 영감을 얻고자 밤 낮 없이 황량한 들판, 풍랑이 몰아치는 바다며 첩첩산중 칼바위 능선 길도 마다 않는 것이다. 이러한 들판이며 바다며 첩첩산중이 어찌 자연현상에만 있으랴! 자고 나면 허허로운 소식의 난무에 어질 머리를 앓는 세상살이가 다 이와 같을 진대 어느 시대에도 오늘 날과 같은 유형은 아닐지라도 그 시대 나름대로의 고민은 있었을 것이고 이에 우리는 이 시대를 살면서 어쩔 수 없는 역사를 써야 한다.

순수문학만 고집할 수 없는 꽤 복잡한 시대에 우리는 살고 있다. 참여문학의 냉철한 시정신이 이 시대를 밝게 이끌고 나갈 때 이것이야말로 지난 시대를 초월한 생명력 있는 문학이 되어 인간의 정서에 감동을 줄 것이고 참다운 삶을 구가하는 많은 사람들의 편에서 공통적인 정서를 다루는 소임을 다할 것이며 글로벌 시대의 다양한 개성과 독창성을 살릴 수 있는 보편타당한 삶의 척도를 제시할 수 있을 것이다. 이것이 곧 나의 문학의 영토에 만백성이 들어와 살아도 비좁지 않고 나름대로 집을 지어 또 다른 작은 영토를 꾸려 가리라는 내가 꿈꾸는 문학의 영토이며 이역만리 타국의 어느 사막의 밤하늘에서 어린 시절 총총 빛나던 별을 볼 수 있게 한 문학의 에너지도 바로 이러한 영토에서 뻗어 나간 때 묻지 않은 황토길 서정이라고 말하고 싶다. 그 캄캄한 밤하늘의 유성이 긋고 가는 유현의 궤적이 저 머나먼 명왕성 별빛을 따라 흐르는 것처럼…….

(12.6.24)

찬비 뜯는 소리

산(山)바람 소리.
찬비 뜯는 소리.
그대가 세상(世上) 고락(苦樂) 말하는 날 밤에,

순막집 불도 지고 귀뚜라미 울어라.

김소월의 '귀뚜라미' 다. 어느 산에 올랐다가 이 산을 관할하는 지자체가 요즘 새로운 감각의 시비를 군데군데 세워 등산객들의 시심을 일깨워 주는 배려에 고마워했다. 때마침 하산 길 여독도 있어 잠깐 쉬면서 김소월의 '귀뚜라미' 를 감상하고 있었다. 기승전결(起承轉結)의 구성방법을 사용하고 있는 이 짤막한 시 속에 우리 인간의 크나큰 철학이 녹아 있음에 과연 대시인이 노래한 불후의 명작임을 직감한다. 1, 2행의 '산바람 소리' 와 '찬비 뜯는 소리' 는 누구나 듣는 소리다. 그러나 3행에 들어가서는 크게 대회전을 한다. 즉 전구(轉句)에 해당되니 작가의 시상이 정중동(靜中動)하기 시작하여 내부의 휘몰아치는 깊은 고뇌를 경험하게 되고 마침내 4행의 결구(結句)에서 뜨겁게 타오르던 순막집 불도 지면서 귀뚜라미 소리만 들리게 되는 평온한 세계로 돌아온다.

그러나 이 날 이 시비(詩碑) 앞에서 어떤 사람이 펼치는 한순간 어지러운 세상살이 기승전결(起承轉結)은 나에게 큰 불편으로 닥아 왔다. 시심에 잠겨 소월이 가져다주는 순막집 불이 사그라진 이후 귀뚜라미 소리를 들으려는 필자의 결구(結句)는 생각지도 못한 불청객의 출현으로 순막집 불이 느닷없이 다시 살아나더니 찬비 뜯는 소리에도 산바람 소리에도 식을 줄을 몰랐다.

사연인 즉, 어느 등산객 한명이 일행인 듯한 수 십 명과 함께 이 시를 감상하고 있더니 갑자기 소리친다.

"찬비 뜯는 소리가 뭐야! 찬비 듣는 소리지." 하면서 가지고 있던 등산지팡이 끝으로 순식간에 '뜯' 자의 'ㄸ' 의 가운데를 긁어버린 다음 매직펜으로 아래 획과 위 획의 공간을 이어 '듣' 자로 만들어버리고는 의기양양해 했다. 그리고 일행들은 고개를 끄덕이면서 그의 행동에 지지를 보내고 있었다. 아마 그는 이 일행의 리더인 듯 했다.

이 사람의 속전속결 기승전결(起承轉結)은 너무나 순식간에 일어난 일이라 그의 행동을 제지할 시간도 허락되지 않았다. 이러한 행동을 전광석화 같다고 했다.

우리 사회에서 이러한 돌출행동을 멋대로 해대며 검증받지 못한 행위로 대중을 현혹하는 무리들이 많이 생겨났다. 그들의 설익은 주장은 얼마 못가 그 수명을 다하기는 하지만 그 후유증은 크다.

"여보세요! 그렇게 당신이 소월의 시를 잘 알고 있소? 왜 그 시비를 당신 마음대로 훼손하고 있는 거요?" 불쑥 내지른 필자의 항의에 그는 움칫 놀랐지만 이내 자기주장을 순발력 좋게 펼쳐들며 필자에게 반격을 가한다.

"그럼 당신은 소월의 시를 얼마나 알고 있는데요?" 드디어 시비가 붙었다.

"난 적어도 소월의 시에서 '찬비 뜯는 소리' 는 봤지만 '찬비 듣는 소리' 는 보지 못하였소이다."

그는 잘못을 인정하지 않았다. 그리고 그의 일행들과 함께 수적으로 열세인 필자를 궁지에 몰아붙일 기세였다.

"꼭 그렇다면 여기서 한 발짝도 서로 움직이지 말고 담당자를 불러 확인합시다. 바로 이 밑에 시청이 있으니 지금 연락하면 곧바로 담당자가 나올 거요. 이 시비를 훼손한 책임도 물론 져야 할 것이외다."

시퍼런 기세로 나오던 자가 슬쩍 꼬리를 내리며 한 풀 꺾인다. 이런 상황을 산중에서 겪은 필자는 세상 도처에서 벌어지고 있는 이와 비슷한 일들을 떠올려본다. 오죽 했으면 목소리 큰 사람이 이긴다는 이야기가 나오겠는가? 떼를 쓰면 통하는 세상이 되었다. 억지를 부려

되지도 않을 짓을 내지르는 바람에 우리 사회 도처에서 일어나는 이 불편함을 보기도 이제 역겨워졌다.

'순막집 불도 지고 귀뚜라미 울어라'

필자가 이 시점에서 소월의 시 한 구절이 이토록 그리워지는 것은 아직도 순수가 남아있다는 증좌인가?

(12.7.1)

프랑스에서 『황진이 시조론』이 우연한 것인가?

'가장 한국적인 것이 가장 세계적인 것이다' 라고 힘주어 말하던 선각자들의 면면들이 생각난다. 이 말은 한국적인 것 즉, 다른 나라에 없는 우리 고유하고 독창적인 문화양식을 세계적으로 인정받기 위한 것임을 염두에 두어야 하는 말이다.

각 분야에서의 한국적인 것, 즉 우리 민족이 우리 땅에서 태동시킨 것이나 다른 나라로 건너간 우리 고유의 전통적인 것을 찾아보면 참 많기도 하다. 그것은 반만년 기나긴 역사의 저력이다. 역사가 짧은 나라에서 급조된 것 들은 그 나라의 국력에 힘입어 다른 나라로 많이 보급되었을지는 모르지만 언제 소멸될지도 모르는 잠시 유행하는 것으로 끝날 것들이 참 많다. 그리고 그러한 현상을 증명이라도 하듯이 잠시 세상에 유행되었다가 최근 몇 년 사이, 길어야 몇 십 년 만에 다 사라져 간 것들이 이 세상에 얼마나 많은가?

그러나 우리의 것 중에 몇 백 년 동안 전통적으로 이어져 내려오면서 소멸되지 않고 말 그대로 가장 세계적인 것이 될 수 있는 것 중에 문학 장르로 정형시 시조(時調)가 있다. 700년~800년의 전통이니 그 발생지가 정확한 정형시의 문학 장르로 이만한 역사를 지니고 있는 것은 서양의 소네트나 일본의 와까(和歌), 하이꾸(俳句)가 있을 뿐이다.

이러한 전통적인 것들은 세계적으로 관심의 대상이 된다. 최근의 좋은 예로 월간문학 2011년 3월호에 김월준씨의 월평을 소개해 보고자 한다. '저명한 불문학자이며 시인인 이가림 인하대 프랑스문화학과 교수에 의하면, 프랑스 파리6대학교에 교환교수로 가 있을 한 학기 동안 우리 현대시에 대한 강의를 하게 되어 자기는 열심히 하였지만 학생들의 반응이 영 신통치 않아 그 연유를 학생들에게 물어 보았더니, 자기들이 정립한 이론을 가지고 자기들의 흉내만 내고 있는 한국 현대시를 들어보나마나 배울 게 뭐가 있느냐하기에 궁여지책으로 한국 시조론을 강의하게 되었다 한다.

그런데 이상하게도 한국시조론을 강의하는 그 시간부터 학생들의 눈빛이 초롱초롱 빛나더니, 한 학기를 마치고 나니까 대학원 석사학위 논문에 황진이 시조론이 나올 만큼 한국에 대한 학생들의 인식이 완전히 달라지더라고 한다. 오랜 문화적인 전통과 고유하면서도 독창적인 문화양식을 갖고 있는 성숙한 문화국가 한국이라고 은연중 말을 하더라고 한다. 그만큼 독창성을 중요시하는 세계문학의 중심지라고 할 수 있는 프랑스 파리의 시각이 달라지고 있는데, 국제적으로 우리 시조의 알리기 작업 현실은 너무나 한심하기 짝이 없다. 시조작품의 번역 사업은 말할 것도 없고, 시조를 하는 전문 번역가조차 제대로 갖추지 못하고 있으니 이 일을 어찌하랴! 일본이 자기 나라 고유의 단시인 하이쿠를 세계에 보급하였듯, 우리도 세계 주요 각국에 있는 한국 문화원을 통하여 국가적 사업으로 한국 문화상품으로 우리 시조를 널리 키우고 보급하여야 한다. 그러기 위해서는 국내적으로 시조시인들 뿐만 아니라 시인들 까지 여기에 합세하여 시조문학의 중흥을 위한 피나는 노력과 끊임없는 기반확대가 그 어느 때 보다도 절실하다고 본다.'

이 분야에 관심을 가지고 참여하고 있는 필자로서는 이 김월준씨의 글이 너무 마음에 와 닿고 시조에 관심 있는 분들은 물론 우리의 고유문화 창달을 책임지고 있는 분들이 꼭 일독해야 할 글이라고 생각되어 일부분 소개해 드렸다. 앞으로 얼마간 시조를 포함한 세계적인 전통시에 대한 문학이야기를 이어갈까 한다.

(12.7.15)

봉선화(鳳仙花), 그 낙화의 의미 앞에서

6, 7월부터 피기 시작한 봉선화는 8월에도 이어 간다.

봉선화에 대한 노래나 시는 1920년 김형준이 작사하고 홍난파가 작곡한 '봉선화'의 노래가 있고 1939년에 '문장' 지에 발표된 김상옥 시인의 '봉선화'가 있다.

이 '봉선화'의 노래와 시는 다 같이 일제 강점기에 발표되었지만 그 성격이 좀 다르다. 노래 봉선화는 일제에 의해 국권을 침탈당하고 그야말로 암흑의 시절에 우리 민족의 해방을 위한 희망을 갈구하며 불렀던 노래였고 김상옥 시인의 봉선화는 천진난만한 어린 시절의 일을 간절한 그리움으로 번지게 하는 소박한 정취가 담겨져 있는 시다.

비 오자 장독간에 봉선화 반만 벌어
해마다 피는 꽃을 나만 두고 볼 것인가
세세한 사연을 적어 누님께로 보내자.

누님이 편지 보며 하마 울가 웃으실가
눈앞에 삼삼이는 고향집을 그리시고
손톱에 꽃물들이던 그 날 생각하시리.

양지에 마주 앉아 실로 찬찬 매어주던
하얀 손가락 가락이 연붉은 그 손톱을
지금은 꿈속에 보듯 힘줄만이 서노나.

이 봉선화 시조 한 편으로 어릴 적 그리움으로 돌아 가보자.

고향의 그 장독간에 핀 봉선화는 누님에 대한 그리움으로 가득 차 있다.

젊거나 나이가 많거나 손톱에 꽃물들이던 그 추억은 대한민국 사람이면 누구나 가지고 있을 터이니, 이 한편의 시조로 우리의 어릴 적 그 정서를 돌이켜 보면 각박한 지금의 현실이 조금은 나아질 것도 같다. 여기에서 '울가 웃으실가' 나 '서노나' 등은 지금은 맞춤법의 개정으로 '울까 웃으실까' 로 '서누나' 로 표현 되지만 1920년에 발표된 작품에 따른다. 시어의 선택은 시인의 자유이고 시상의 전개에 무리가 없는 한 얼마든지 통용될 수 있고 시적 이미지를 더욱 효과적으로 나타낼 수만 있다면 향토색 짙은 방언도 얼마든지 용납이 되는 것이다. 시어를 창조해 내어 이 세상에 통용되게 하는 것도 시인의 능력이다.

필자가 1950년대 배웠던 초등학교 국어교과서에서는 '울까 웃으실까', '서누나' 로 되어 그렇게 공부하고 외웠었다. 그 당시 국어 교과서에 실렸던 시조는 선생님께서 모두 외우라는 숙제를 내어 주셨지만 필자는 그런 숙제를 내어 주기 전에 벌써 그 시조가 좋아 미리 외어두었다. 살아가면서 어떤 상황이 시나 시조와 비슷할 경우에 그 시나 시조를 한 편 외우고 낭송하고 나면 어려운 상황이면 풀어나갈 힘이 생기게 되고 정겹거나 흥겨운 상황에서는 그 기쁨이 배가 되기도 하는 것이 시의 힘이다.

그 시에 곡이라도 붙여져 있어 노래를 불러보면 더욱 좋으리라.

다른 화초도 마찬가지겠지만 봉선화는 유달리 비온 뒤에 꽃 색깔이 한껏 살아난다. 그 날도 비가 끝인 후 손자 녀석을 데리고 공원을 거닐다가 봉선화 피어있는 화단이 있는 곳의 벤취에 잠깐 앉아서 유심히 봉선화를 보고 있는데 녀석이 물었다. 저 꽃이 저리 좋으시냐고. 다섯 살 난 녀석의 질문하는 수준이 좀 높다 싶어 어릴 적 봉선화 꽃물들이던 일을 이야기 해주었더니 한 참 듣고 있던 이 녀석이

"할아버지! 저도 꽃물 한 번 들여 볼께요." 하면서 꽃밭으로 다가가더니 이미 낙화된 봉선화 꽃송이를 주섬주섬 줍는다. 지천으로 달려있는 꽃송이가 탐스럽게 피어 있었지만 녀석은 달려있는 꽃을 따지 않았다.

필자의 단순한 생각으로는 달려있는 꽃 몇 송이를 따오리라는 생각을 했었고 낙화한 꽃송이를 주어오리라는 생각은 전혀 하지 않았으니 필자의 예상은 손자의 예기치 못한 행동에 한 방을 야무지게 맞은 것이다.

"저 붙어 있는 꽃이 색깔도 곱고 더 좋은데 따지를 않고 떨어진 꽃을 주어 오느냐?"고 물으니

"꽃이 불쌍하니까요?" 또 한 방 크게 맞은 날인데도 어쩐지 기분이

흐뭇한 날이었다. 달려 있는 꽃의 생명을 빼앗지 않고 손톱에 꽃물 들일 수 있는 그 의미도 컸고 더구나 살아있는 다른 꽃의 생명을 빼앗지 않는 친환경의 의미를 손자에게 한 수 배운 날이었기 때문이다.

얼마를 가다가 젊은 엄마 한 사람이 봉선화가 피어 있는 화단에서 봉선화 꽃송이를 아무 거리낌 없이 주섬주섬 따는 것을 보았다. 따가지고 온 꽃을 벤취 위에 가득 흩어 놓고 딸로 보이는 여자 아이에게 꽃물을 들여 주고 있었다.

'꽃물 들여 주는 모정은 애틋하다만……'

더구나 그 아이는 뻘이 묻은 운동화를 벗지도 않고 벤치에 올라앉아 바닥을 더럽히고 있었지만 엄마는 제지하지도 않았다.

"할아버지! 이상한 엄마지요? 저 아이는 더 이상해요"

어린 손자의 꽃을 아끼는 마음과 나름대로의 상식이 필자가 봉선화에 대한 문학성을 이야기 하는 것 보다 원초적으로 더 가치 있는 일일지도 모른다.

(11.28.5)

반도 남단 가천에 가면

반도 남단 가천의 다랑이 마을에서는 거대한 담론이며 대자연에 대한 찬탄이 필요 없다. 담론과 찬탄을 아무리 내세워도 고단한 삶이 걸린 백팔계단의 그 의미 앞에선 사족일 뿐이다. 깊은 바닷물에 뿌리를 내린 설흘산 가파른 면벽 앞에서 먹을 것을 심어 가꿀 땅을 찾던 민초들은 그 가파른 절벽만큼이나 절박한 삶을 한층 두층 그 면벽에 두

르면서 흙의 문화를 만들어 갔다. 경사가 너무 심해 그대로는 씨앗을 뿌리기는커녕 걸어 다니기도 힘든 그 절벽 같은 곳에 주변에 널려있는 돌을 쌓아 수평의 땅을 만든 이유는 간단하다. 산에서 흘러내리는 물만 끌어들이면 벼농사가 가능했기 때문이다. 벼농사가 끝난 가을부터 봄까지의 보리농사는 물론 마늘을 비롯한 채소농사도 이어진다.

돌담을 거의 수직으로 쌓아 올려 흙을 담지 않으면 이 경사가 급한 곳에 수평의 땅을 만들기는 불가능하다. 벼농사에서는 물이 생명이고 그 물은 경사진 곳에서는 머물지 않는다. 이 곳 사람들은 이 가파른 산록에 돌담을 쌓아 다랑이 논이라는 수평의 땅을 만들고 그 조그마한 땅위에 또다시 담을 쌓아 누대에 걸쳐 백팔계단을 만들어 낸 것이다. 당대에 못하면 아들 세대에 그도 아니면 손자 세대로 대물림하며 내려간 이 생존의 역사는 적어도 국내에서는 그 규모로 봐서 그 유례를 찾을 수 없다. 혹자는 중남미 마츄피츄 잉카문명의 축소판을 보는듯하다는 평을 했는데 필자 역시 그런 생각을 지울 수 없다.

마츄피츄처럼 정교하게 다듬은 돌로 쌓은 계단식 밭은 아니더라도 계단의 층층 수는 오히려 더 많을듯하고 마츄피츄에 잉카제국의 문화가 서려있듯 이곳에는 미륵불의 도타운 전설과 설흘산 육조문의 불교문화와 밭 무덤 등 토속문화가 살아있고 국내에서는 제일이란 정평이 나있는 양석과 음석이 버티고 있는 해학을 지닌 마을이다. 마츄피츄를 본산으로 하는 잉카문명이 한 때 중남미 대제국이었으니 가천 다랑이 마을이 그 규모면에서야 따라갈 수 없지만 적어도 계단식 논을 백팔 층이나 쌓아 올린 것은 피땀 어린 또 다른 농경문화의 한 형태라고 할 수 있다.

필자는 2008년도에 남해유배문학을 알리기 위해 중앙문단 문인 40여명을 남해로 안내하여 1박 2일 동안 유배문학을 주제로 한 세미나를 도운 일이 있는데 그 때도 이 다랑이 마을의 농경문화와 이를 통한 문학적 접근의 가능성에 대해 나름대로의 정보를 제공하는데 미력이나마 힘을 쏟았던 일이 있다.

필자는 이곳에 올적마다 이 피땀 어린 농경문화의 살아있는 역사 앞에 옷깃을 여미면서 도타운 미륵문화에 한편씩의 정형시를 써서 화답하였다. 지금까지 모두 여섯 편을 썼는데 어느 일간지에 실었던 희미한 기억의 한 편은 찾을 수 없다.

그때그때 중앙문예지, 지방문예지, 지방신문, 인터넷신문, 개인시집에 남긴 다섯 편의 글을 이곳에 실으며 다랑이 마을의 전설과 백팔계단 면벽에 층층이 걸려있는 서사시의 행간에 필자 또한 사념의 호롱불을 걸어본다.

반도 남단 가천에 가면(1)

백 계단 까마득한 다랑이논 앞에서는
세상사 고달픔은 꺼내지도 말아라
돌 한개 흙 한줌에도 숨은 뜻을 안다면.

잉카도 이곳에선 옷깃 한 번 여밀게다
푸른 바다 밟고 선 품새 더욱 도타워서
미륵불 솟아 오른 반도 남단 가천아.

반도 남단 가천에 가면(2)

다랑이 논 백 계단을 옆구리에 꿰어 차고
푸른 물 밟고선 가천의 담벼락엔
처연히 읽어야하는 고행의 시가 있다.

한 알 두 알 돌의 언어 땀방울로 젖어 들 때
삶은 산록을 올라 거친 숨을 몰아쉬는
백 여 층 행간에 걸린 억척같은 서사시여.

반도 남단 가천에 가면(3)

누가 먼저 백팔 계단 주춧돌을 놓았을까
쌀 한 섬 보석 알이 방울방울 맺힐 즘엔
앞 바다 물빛에 젖어 눈시울도 적셨을까.

겨울 넘긴 풋보리며 마늘잎이 고울 적에
유채꽃 꽃 그림자 해면에 깔아 놓고
나른한 다랑이논은 차곡차곡 잠든다.

미륵불* 그 전설을 설흘산*에 물어볼까
암수바위 그 이치를 육조문*에 걸어 볼까
아마도 백팔번뇌쯤 그 계단이 아닐까.

*미륵불 : 2005년 명승 15호로 지정된 국가지정문화제 다랑이마을에서 언제부터 이 미륵불을 모셨는지는 분명하지 않지만 미륵이 발견된 것은 영조 27년(1751년)이라고 전해진다. 당시 이 고을 현령인 조광진의 꿈에 한 노인이 나타나서 말하기를 "내가 가천에 묻혀 있는데, 소와 말의 통행이 잦아 일신이 불편하여 견디기 어렵다. 나를 일으켜 주면 필시 좋은 일이 있을 것이다."고 했다. 현령이 가천에 가보니 과연 꿈에서 본 지세와 똑 같았으며 노인이 가르쳐 준 자리를 파보니 지금의 미륵불(일명 암수바위)이 나왔다는 것이다.

*설흘산과 육조문 : 설흘산은 이 마을 뒷산으로 지금도 흔적이 남아있는 봉수대에 서면 깊숙하게 들어온 앵강만이 한 눈에 들어오고 서포 김만중의 유배지인 노도가 아늑하게 내려다보인다. (최근 향토 사학자인 박성재 한국 유배문화연구소장은 노도보다 용문사 주변을 서포의 적소로 주장하고 있음) 육조문은 설흘산과 응봉산의 정기를 받고 서쪽으로 여섯 부처님이 탄신 하여 승천하였다는 전설을 지니고 있음.

반도 남단 가천에 가면(4)

저 파도에 밀리다간 꼭대기로 갈 수밖에
차라리 여기에다 성벽을 쌓자구나
우리가 저 여울 딛고 성 밑돌을 깔자구나.

흙 알 하나 못 빠지게 돌 귀퉁이 다지거라
흙은 살, 돌은 뼈라 네 몸이듯 엮어라
수십 년 할부지 호령에 또 한 층이 매달렸다.

백팔계단 걸터앉은 저게 논이랍디까?
말 마소 삿갓 크기 논배미도 있다오

쌀 한 톨 마늘 한 톨이 이곳에선 보석이오.

반도 남단 가천에 가면(6)

설흘산 담벼락에 혈서처럼 걸린 시편
백팔계단 행간마다 고운 넋들 잠이 들고
다랑이 갈파갈피에 마늘잎도 푸르더라.

비오면 비에 젖어 눈 오면 눈에 젖어
까만 돌 망부가로 꺼이꺼이 울던 밤에
앞바다 물비늘 타고 푸른 넋이 돌아온다.

죽비 훑는 그 소리도 처연히 내린 밤에
미륵불 솟은 마을 호롱불에 무거운 건
육조문 흘러온 얘기 백팔번뇌 그쯤일까.

(12.8.26)

옛적에 우리는 이런 성묘(省墓)를 했다.

어릴 적 성묘에 대한 기억은 정말 향기롭기까지 하다. 하얀 모시베옷에 두루마기를 걸치신 아버님과 집안 어른들을 따라 남산, 망운산,

남면, 삼동면, 서면의 선영으로 조상님들께 인사를 다니는 일은 일 년에 크게 두 번이었다. 음력 8월 초하루의 성묘와 음력 10월 보름날의 시향(時享)이고 한가위에도 성묘를 가는 수가 있었다. 가까운 2대, 3대 선조님의 묘소는 8월 초하루 성묘 외에 설날에도 설날 차례를 지내고 아침 일찍 해뜨기 전에 다녀왔다.

조상님께 맨 먼저 새해 인사를 드려야 한다면서 길가다가 만나는 동네 사람들은 간단한 눈인사만 하고 지나가는 것은 서로간의 묵인된 인사법이었다. 돌아가신 선조께 청결한 마음으로 먼저 인사드려야 한다는 조상님에 대한 존경의 표시였다. 이렇게 성묘를 마친 다음에야 집안 어른들과 동네 어른들께 세배를 다녔으며 음력 초닷새 까지 이런 풍습이 이어져 그야말로 조상 숭배와 경로 정신이 대단하였다.

음력 8월 초하루의 성묘와 음력 10월 보름날의 시향을 마치고 대가에서 친족끼리 회식을 하며 문중회의를 할 때의 모습은 그야말로 화기애애하였다. 머나먼 친족도 다 함께 모여서 문중의 결속을 다지고 가풍을 진작시키기 위한 어른들의 가르침에 젊은 청년층과 소년층의 후손들은 경청하였다.

자기 뿌리를 부정하는 일은 나랏일이나 문중대사나 가정사를 통해 있어서는 아니 되는 일이기에 우리는 이를 교육을 통해 실현시키려고 노력하였다. 최근에 이런 교육들이 좋지 않은 사회시류를 타고 많이 약화되었고 이로 인해 삶의 기본 덕목마저 땅에 떨어져 짓밟히는 일이 많이 생겨나고 있다. 자기 뿌리를 부정하는 삶의 어긋난 갈 길은 딱 정해져 있다. 금수의 세상밖에 더 있겠는가? 하루가 멀다 하고 매스컴에 보도되는 추악한 사건들은 이제 이 세상이 막다른 골목에 온 것이 아닌가 하는 생각마저 들게 한다. 도저히 인간의 탈을 쓰고 해서는 안 될 목불인견의 처참한 일들이 벌어지고 있다.

정신은 물질에 우선한다. 정신세계가 맑지 못하면 아무리 물질을 다 채웠다 해도 삶의 본질에 닥아 설 수 없다. 모든 것은 마음에서 나오고 마음에서 마무리되기 때문이다. 마음 없는 바위덩이가 아무리 절벽으로 막아섰다고 하나 이 바위를 넘는 것은 인간의 의지로 되는 것이지 결코 바위가 사람을 넘겨주는 것이 아닌 것처럼 재물이 나의 모든 것을 해결해 주지는 않는다. 잘 못 정리된 부의 축적 과정이 한 인간을 시궁창에 밀어 넣은 일들이 이 세상에 얼마나 많은가?

벼슬을 멀리하고 안빈낙도에 들어 청산에서 후진들을 양성한 성현들의 그 아름다운 이야기와 부정한 재물에는 침을 뱉고 돌아섰던 그 청렴결백한 고결들은 만고에 귀감이 되어 오늘에 전한다. 불의에는 대쪽 같은 곧음으로 의연하게 대처했던 선비들의 도타운 이야기들이 역사책의 갈피마다 푸르게 살아 오늘을 사는 우리들에게 크나큰 교훈으로 닥아 오는 이 숭모의 계절에 우리 선조들의 선비정신을 마음에 담아보는 것은 참 유쾌한 일이다.

이제 일주일 후면 성묘를 간다. 벌써 대종회본부에서 벌초를 다 마치고 성묘할 준비가 다 되었다는 전갈이 왔다. 옛날엔 8월 초하루에 꼭꼭 성묘를 했으나 씨족들이 외지에 나가 있거나 공무원이나 회사원이 많아진 후 부터는 가장 가까운 일요일이나 토요일을 택해 성묘를 하는 문중이 많아졌다. 필자의 문중은 음력 8월 초하루 직후 토요일이나 일요일에 성묘를 하고 시향은 음력 10월 보름날 직전 토요일이나 일요일에 날짜를 조정하여 종원들에게 고지한다.

필자의 제1시조집 맨 처음에 올린 졸시 성묘(省墓)를 다시 음미해보고 그 당시 시집의 서문을 써주신 유성규 박사의 시평도 곁들인다.

조상을 숭모하는 마음의 자세를 더 가다듬기 위함이다.

성묘(省墓)

새벽녘 닭 울음에 유년의 눈 귀 열려
달빛도 풀벌레도 창호지에 앉혀두고
명주사(明紬絲) 물레를 잦는 어머님을 뵈옵다.

감나무 푸른 낙과 뒤안길로 다가서면
뚜-욱 뚝 황토밭에 욕심 떨구는 소리에
아버님 짧은 생애의 굵은 삶을 봅니다.

유택 보러 왔나이다. 벌초하러 왔나이다.
억새풀 고이 덮고 잠이 드신 두 분께선
오늘도 가르침으로 저를 불러 세웁니다.

시평: 참으로 오랜만에 얻은 여유로 고향을 찾아 성묘할 때의 심경을 노래한 시조다.

글이 근엄하고 절실하다. 군소리 다 걷어치우고 깊숙한 소리를 몸으로 드러내고 있다. 출토(出土)의 아픔 같은 간절함이 내배인 시조이다.

〈평자: 유성규 박사〉

(12.9.17)

폐허(廢墟)가 빈번한 요즘 세상

산길을 가다가 폐허를 본다. 순간 마음이 편치 않았지만 '폐허에서 새 생명이 피어난다.' 는 실러의 시구가 머리를 스치고 지나가면서 상황은 달라진다. 마음이 방향을 트니 몸도 따라간다. 폐허를 둘러보며 카메라의 앵글을 맞춰본다. 문짝이나 내부 구조를 보니 지을 때 꽤 공을 들인 흔적이 역력한 가옥구조였다. 원형의 가치가 높을수록 폐허의 잔상도 오래 남기 마련이다. 마당은 온통 잡초더미로 가득 차고 반쯤 떨어져 나간 문짝엔 이름 모를 잡초의 넝쿨이 감아 오르고 있었으며 툇마루도 이미 쑥대밭이 되어있었다. 대청마루에 앉은 먼지가 세월을 깔고 차곡차곡 쌓였는데 간혹 산새가 앉았다가 간 흔적이 있다.

이 폐허에서 어떤 생명이 피어날까? 막연하나마 뭔가를 하나 피어 올린다. 문짝 안쪽에서 바라본 환한 바깥세상이다. 쓰다가 버린 탁상과 가재도구가 흩어져 있는 방안을 둘러보면 무엇 하나 마음 기댈 곳이 없다. 그러나 부서진 문짝을 밀고 나가면 바로 새 세상이 열린다. 안쪽은 폐허이되 이곳을 벗어나면 새 생명이 피어난다. 실러가 말한 바로 폐허를 딛고 새 생명을 보는 것이다.

1920년 7월 25일에 창간하여 1921년 1월 20일 통권 2호로 폐간된 문예지를 떠올린다. 3 · 1운동의 좌절과 극도의 경제적 궁핍의 시대에 식민지 청년 지식인들의 불안의식과 세기말 사상을 반영하고 있는 폐허 동인은 김억, 남궁벽, 나혜석, 염상섭, 오상순, 이병도, 황석우, 민태원, 이익상 등이었는데 이들의 문학적 경향은 퇴폐적 낭만주의로 대별할 수 있다. '창조', '백조' 와 함께 한국문학사에 커다란 영향을 준 '폐허'라는 제목은 괴테와 함께 독일 고전주의문학의 2대 거장으로 일컬어지는 시인이며 극작가인 실러의 "옛 것은 멸하고 시대는 변한다. 새 생명은 이 폐허에서 피어난다."라는 시구에서 따온 것이며 결코 사멸될 수 없는 강한 의지와 다시 태어나는 새로운 출발의 깊은 뜻을 품고 있다.

폐허 동인 민태원의 글 '청춘예찬' 은 필자의 학창시절 교과서에 실려 있었는데 젊은이의 피 끓는 심장을 거선의 기관과 같이 힘 있다고 했고 인류의 역사를 꾸며 내려온 원동력이라고 했다. 이성은 투명하되 얼음과 같으며 지혜는 날카로우나 갑 속에 든 칼이라고 한 대목도 나온다. 국어 교과서의 서너 페이지 정도 되는 글을 줄줄 외웠던 기억이 새롭고 그 학창시절로부터 40여년이 흐른 지금에도 뇌리에 그 글이 각인되어 지워지지 않고 있다. 이제 잊어야 할 나이인데도….

지금 우리가 아무리 첨단 과학의 세계에 산다고 해도 정신문화는 과학의 발전과 비례 하지는 않는다. 오히려 인간성 말살과 만연한 한탕주의와 퇴폐풍조, 그리고 물신주의는 폐허의 참상을 훨씬 뛰어넘는다. 폐허에서 실러가 말한 새 생명이 피어나듯 지금의 어지러운 현상을 걷어내고 맑은 영혼을 키워야 할 때다. 그러나 상황이 좋지 않다. 초연한 눈으로 세상 어느 곳을 들여다봐도 여러 방면에서 흘러드는 혈류의 색도가 탁하기도 하거니와 그 끈적끈적함이 도를 넘었다. 세상을 끌고 가는 심장에 너무 부담을 많이 주고 있다는 말이다.

자기 근본을 스스로 찍어대는 일들과 생명을 경시하는 일련의 사태들은 물론, 세상을 끌고 가는 지도자들이 엮어내는 좋지 못한 언행과 자질에 대한 자정의 노력을 하지 않는 한 어느 곳에다 인간성 회복의 보금자리를 틀수 있을 것인가? 겉모양은 그럴싸하게 포장한 폐허가 곳곳에 피어나 내면을 어지럽게 하는 그 황량함이 너무나 깊었다. 실러가 말하는 새 생명이 이 폐허에서 과연 꽃을 피울 것인가? 각자의 마음에 따라서는 꽃일 수도 있고 아닐 수도 있는 이 불확실한 시대에.

(12.10.22)

반환점(返還點) 그 이후…….

필자가 다닌 초등학교는 설립 된지 100년을 넘은 학교다. 필자가 다닐 그 당시 한 학년이 6학급 이상이었고 졸업할 때의 6학년도 6학급으로 졸업동기 동창생이 360명을 넘었다. 요새는 한 학급이 40명 미만이지만 그 당시에는 60명을 넘었다. 구한말 일제 침탈기 초기인 1912년에 개교한 이 학교는 군소재지 중심학교로 역사와 전통에 힘입어 많은 졸업생을 배출한 학교로 우수한 인재들이 사회 각처에 진출해 있다.

동기 동창회를 해보면 전국적으로 100명 정도는 모이기에 1박2일 정도의 행사가 제법 거나하다. 남해, 부산, 서울의 각 지역 동창회가 돌아가면서 초청형식으로 진행하기에 그 때마다 지역의 특수성에 맞춰 다양성을 갖고 있기도 하다. 2010년도엔 고향에서, 작년은 서울에서, 금년에는 부산에서 개최했는데 그 때마다 주제가 현수막에 실린다. 최근 몇 년간 제시된 주제를 살펴보면 2007년도에 '초등학교 시절을 그리워하며' 2008년도에 '사랑과 만남으로 행복한 친구들' 2009년도에 '어린 시절을 돌아보며 서로 만남으로 정을 나누며' 2010년도에 '60년의 뿌리, 120년의 미래' 2011년도에 '청풍 같은 친구들' 금년에는 '반갑다 친구야! 우리는 하나다!' 였다.

필자는 어느 땐가부터 친구들의 요청에 부응하여 정성들여 지은 축시를 동창회 기념식 순에 넣어 들려주곤 하였는데 2005년도에 〈푸른 시절, 그 시절로 돌아 가세나〉를 제목으로 들려준 시에 친구들이 자란 마을의 특산물과 초등학교 시절의 학교생활을 관련시킨 부분에서 행복한 항의를 받았다. 왜 자기네 마을의 이름과 특산물도 있는데 축시에 들어가지 않았느냐 하는 것이다. 자기 마을과 동네 죽마고우들의 아기자기한 추억을 그토록 잊지 못하고 축시 한 부분에 넣고 싶어 하는 친구들의 마음을 깊이 헤아리지 못한 필자의 잘못을 사과하고 2008년도에 '또 삼년이 흐른 지금…' 을 제목으로 한 축시에 지난번에 빠진 동네와 특산물을 보충하여 다른 축시와 함께 들려주었더니 그 마을 친구들이 고맙다고 유흥시간에 필자를 헹가래치고 목마를 하고 다닌 적도 있었다.

2011년도 강원도의 모임에서는 '청풍 같은 친구들' 이란 제목으로 동해바다 푸른 물의 청정함과 설악산 기풍을 몸과 마음에 담아 싣는 내용으로 축시 하였다. 2010년 동창회 때는 회갑을 맞은 해여서 우리 인생을 마라톤에 비유하여 60고개를 반환점으로 하여 이제 까지 살아온 그 60년을 거꾸로 돌아간다는 생각으로 여유를 가지면서 욕심이란 무거운 짐도 내려놓고 깃털 같은 가벼운 마음가짐으로 새로운 삶을 설계하자는 내용으로 축시 하였다.

그런데 이신전심이었을까? 그 날 남해친구들이 동창회를 주관하면서 내건 주제가 '60년의 뿌리, 120년의 미래' 였다. 동창회의 주제와 너무나 절묘하게 맞아떨어진 필자의 축시는 죽마고우들의 마음속에 깊이 각인되었는지 그 후로도 수없이 많은 친구들이 필자에게 그 느낀 바를 전해왔었다. 금년 동창회 모임을 주관한 부산 동창회의 총무

이사가 2010년도 축시 '반환점' 의 잔잔한 감동을 전해오면서 팜플렛에 넣어 기념식에서 여러 친구들에게 들려줄 축시 한 편을 부탁했다. 필자는 2010년도 '반환점' 이후 죽마고우들의 건강을 챙기고 앞으로의 삶의 방향을 잘 설정하자는 내용인 '반환점 그 이후……' 라는 제목으로 축시 하였다.

역시 반응은 좋았다. 낭송할 때 식장을 가득 메운 친구들은 숨소리도 죽이고 경청하였고 끝났을 때는 우뢰와 같은 과분한 박수로 화답을 해주었다. 다음 날 진해 해군기지 탐방을 마치고 각자 사는 곳으로 돌아 갈 시간에 각 지역 동창회원들은 해변의 큰 횟집에서 점심을 먹으면서 내년에서 고향에서 만나자는 약속과 함께 석별의 정을 나누었다. 그 자리에 부산의 어떤 친구는 어젯밤의 기념식에서 나누어 준 축시가 적힌 팜플렛을 나에게 보여주면서 같이 읽어보자고 했고, 작년 이맘 때 들려준 '반환점' 에 대해서도 이야기 하였다. 그 친구는 동창회를 마치고 집에 돌아가서 자기 아내와 함께 '반환점' 을 읽으며 앞으로의 새로운 삶을 설계하였다고 하였다. 글을 쓰고 이런 말을 듣는 것이 얼마나 고마운 일인가? 그리고 보람 있는 일인가?

그 앞날 기념식을 마치고 회식을 하면서 여흥시간에는 대학생활 때 같은 집 같은 방에서 하숙을 하며 동문수학했던 이번 8월 말에 정년퇴직한 어느 친구는 퀴즈 이벤트의 주인공으로 무대에 올라가 사회자와의 일문일답에서 '반환점' 과 '반환점 이후…' 를 언급하면서 그 의미를 친구들 앞에서 되새겼고 부탁받은 노래 곡명은 반환점과 반환점 이후를 생각한다하면서 〈종점〉을 부르고 무대를 내려갔다. 2권의 시집을 세상에 내어놓고도 얼마가 팔리고 어떤 좋은 반응을 가져 왔을까에 대해서는 크게 신경을 쓰지 않는다. 베스트셀러가 되어 돈방석에 앉는다거나 1,000부 이상 팔려 출판비라도 건지는 일은 그리 쉬운 일이 아니기 때문이다.

그러나 동창회 모임, 죽마고우들의 만남이나 향우회 모임, 산악회 모임 또는 사회단체, 인터넷 카페의 오프라인 모임 등의 행사시에 축시를 부탁 해 와서 낭송할 때는 별다른 감회를 느끼곤 한다. 시의 수준을 떠나 쓰는 사람과 참석자들의 마음이 어우러져 훈훈한 정이 오가는 경우가 많기 때문이다. 2010년 '반환점(返還點)' 에 이어 2012년의 '반환점(返還點) 그 이후…….' 를 아래에 싣는 이유는 필자의 경우를 소개해 드림으로써 누구나 겪을 또 겪은 60년 회갑의 의미를 다른 각도 즉, '60년의 뿌리, 120년의 미래' 라는 멋진 슬로건의 의미를 공유해 보기 위함이다.

반환점(返還點)

백호는 쉼 없이 육십 년을 내달리다
반환점 정상에서 세상 한 번 굽어보고
고고성 힘차게 울던 고향으로 돌아간다.

그곳이 아득하여 별 뜨는 곳이라도
귀거래사 되뇌며 맑은 향을 뿌린다면
내 정녕 못 갈 것도 없지 뚜벅뚜벅 가는 거다.

들어봤나 인간 수명 백이십 년 타고난 것
내다버린 세월 누구 탓도 아니란다
주어진 백이십 년을 잘 못 써서 그렇단다.

또 모르지 육십 고개 반환점 돌았으니
출발점 그곳에서 환히 웃을 뉘 있을지…

모두가 그렇게 그런 마음으로 살아가자.

앞서 간 친구들아 이런 글로 미안하네
생겨나고 멸하는 것 누가 쉽게 말하랴만
덧없는 세월을 두고 푸념 한 번 해 본거네.

무거운 짐들일랑 이제 벗어 던지고
앞산 노을 뒷산 안개 강진 바다 벗을 삼아
남은 건 세월뿐이니 훨훨 날아 가보세.

인생은 칠십부터라고 그 누가 말했던가
앞으로 십 년을 더 살아야 겨우 시작인걸
모두가 그렇게 그런 별빛 한 번 쏘아보세.

〈시작 노트〉

여기에서 백호와 앞산 노을 뒷산 안개 강진바다를 언급함은 우리 죽마고우들이 태어난 해가 백호의 해였고 60년 만에 돌아온다는 그 백호의 해를 회갑 년에 맞이하였기 때문이고 앞산 노을 뒷산 안개 강진바다는 읍성에서 앞을 바라보면 남해의 또 다른 큰 섬인 창선도 앞의 바다와 대방산에 걸친 아침노을이 성장기에 큰 정서를 불러왔으며 읍성 뒤쪽의 구름을 바라본다는 망운산(望雲山) 안개는 우리 젊은 날의 신비한 꿈의 상징이었다. 읍성 동쪽으로 펼쳐진 강진바다 물은 망운산에서 흘러내리는 맑은 물을 추억어린 봉천이라는 큰 시냇물로 받아들이면서 그 잔잔함과 눈부신 비취색으로 유소년과 청년 시절의 꿈을 키워준 우리의 요람이었다. 이 바다의 후덕한 갯펄에서는 무궁무진한 해산물이 쏟아져 나와 어린 시절 여름 날 해수욕과 머드팩을 겸한 자맥질과 호미질로 어린 시절 허벅지 보다 큰 키조개는 물론 주먹만 한 피조개, 세발낙지, 새조개, 소라고둥을 건져 올리며 하룻날이 저물곤 했었다. 밀물이 밀려와 갯펄을 덮으면 문절구라는 입이 큰 고기가 떼로 몰려들어 미꾸라지 몇 마리로 팔뚝만한 것들을 한 바켓스 낚아 올리는 기염을 토하기도 한 진정 우리 어린 시절 추억의 요람이었다.

반환점(返還點) 그 이후…….

반환점 돌아서서 2년을 달린 지금
친구여! 숨이 찬가? 다리도 뻐근한가?
그럴 땐 어깨동무로 같이 가야 하는 거다.

육십년의 뿌리 백 이십년의 미래
적어도 그 정도는 백호들이 감당할 일
회갑을 훌쩍 넘으며 육십년을 바라본다.

"반갑다 친구야 우리는 하나다"
이 말이 전해주는 깊은 뜻을 찾아보니
이 나이 어깨동무로 같이 가자는 뜻이렸다.

60년 그 과녁을 쏘아 맞힌 친구들아
우리는 그 화살로 60년을 다시 쏜다
날아간 세월의 화살 벌써 2년이 아니던가.

해마다 서로 만나, 기를 실어 준다면야
친구 따라 강남 간다 그런 말도 있지 않나
육십년 뿌리를 얽어 같이 가야 하는 거다.

남해 부산 서울 친구 강진바다 만남 있어
그 옛날 추억 낚아 쐬섬에다 풀어 놓고
돌팔매 물수제비가 아직 팔팔 날더라.

무거운 짐 가벼운 짐 이제 모두 풀어 놓고
깃털로 날아야 할 우리 나이 인체공학
그 깃털 가뿐한 몸으로 우리 여기 있지 않나.

털자! 털어버리자! 세상사 잡다한 것
항도 부산의 밤 짭쪼롬한 바닷바람
이 날개 바닷바람에 훌훌 털고 날아보자.

〈시작 노트〉

'반환점' 에서 언급한 강진바다 벗을 삼은 그 추억으로 돌아가 금년 10월에는 남해, 부산, 서울의 몇몇 친구가 강진바다 쐬섬에 모여 어린 시절의 문절구 낚시 대회를 열었다. 문절구를 낚아 올리면서 우리는 어릴 적 추억어린 그 장면들을 회상하면서 얼마나 파안대소를 했는지 모른다. 올해는 적조현상으로 많이는 낚지는 못했지만 그 문절구를 안주하여 쐬섬의 코스모스 핀 노송아래 갯바위에서 한 잔 술로 추억을 달랬다. 그리고 읍내로 들어와 고향 친구가 심신을 연마하는 활터에서 활시위도 당겨보고 오랜만에 친구들의 18번곡도 나누어 들으면서 하루를 보낸 적이 있다. 그리고 우리는 내년 8월에 울릉도로 낚시 여행을 떠나기로 약속하였다.

(12.11.5)

山門에 들어

우리는 가끔씩 홀로 정적을 갈구할 때가 있다.

세상사 온 갖 것 다 물리고 정말 훌훌 단신 절대 고독으로 빠져들고 싶을 때가 가끔 있다. 몰입의 경지에서 죽음보다 더 깊은 침잠으로 빠져 들어 삶의 근원을 파 헤쳐보고 싶을 때가 있다. 일단 이런 환경을 만들려면 약간의 절차가 필요하다. 갑자기 어둔 밤에 홀로 면벽으로 그 몰입을 경험할 수도 있겠지만 당장 날이 밝으면 누군가가 방문을 두드리며 기척을 하겠기에 일상에서는 여간해서 실현할 수 없는 일이기도 하다. 아무래도 잡다한 모든 것 씻어내는 작업은 하룻밤 가지고는 어림도 없다.

시기적으로 제일 좋을 때가 함박눈이 펑펑 쏟아져 세상의 잡다한 것들을 모두 덮어버렸을 때다. 싸늘한 겨울 눈 바람이 정신을 맑게 해 주는 것은 물론 순백이 주는 여유로움과 순결함이 무엇을 비워 내는 데는 적합한 환경이기 때문이다. 황혼 무렵에 산사가 있는 산의 초입을 찾아 들면 아주 제격이다.

산의 정수리까지 눈바람을 헤치고 올라 일망무제 탁 트인 공간에 모든 것을 날려 보낸 다음 칠흑 같은 산길은 산문으로 이어진다. 주지 스님과의 눈길 마주침으로 대면은 끝나고 홀로 정적으로 들어가는 시간만 남았다. 펑펑 쏟아지는 이 눈 때문에 더는 산문으로 들어오는 사람은 없어지고 나가는 사람도 없이 이 산사는 모두가 육신은 잠이 들었으되 정신은 끝도 모를 곳으로 파고든다.

山門에 들어

겨울 산 정수리서 일망무제 눈에 넣고
범종 울어 하얀 눈길 산문으로 이어질 때
황촛불 법당에 드신 주지 스님 독경 소리.

이 밤은 나를 잡고 탑돌이를 하자 하고
풍경은 나를 울려 사바 번뇌 걷어가니
짊어진 무거운 것들 알고 보니 지푸라기

-필자의 시집 '남녘 바람 불거든' 에서-

(12.11.20)

읍성(邑城)의 문창(文窓)에 시혼(詩魂) 걸기

지은이 / 감충효

2013. 1. 25 초판발행
펴낸곳/ 도서출판 엠-애드
서울시 중구 충무로4가 36-7 2층
전화 / 02)2278-8063/4
팩스/ 02)2275-8064
e-mail/madd1@hanmail.net
등록번호/ 제2-2554

책임편집/ 이승한
디자이너/ 임선실
전　　산/ 남해안시대

정가: 10,000원
ISBN 978-89-6575-033-8